AFFAIRE AVEC DES PERSONNES MANIPULATIVES DANS LES RELATIONS

Un guide pour comprendre et surmonter la manipulation

VICTORY KATE NANCY

Table des matières

INTRODUCTION

La nature de la manipulation

La manipulation dans les relations est un concept délicat, souvent caché à la vue de tous. Cela se produit lorsqu'une personne utilise des méthodes injustes pour contrôler ou influencer les pensées, les sentiments ou les comportements d'une autre personne. Cela peut se produire de plusieurs manières, certaines évidentes, d'autres moins, mais toutes les formes de manipulation partagent l'objectif commun d'acquérir du pouvoir sur quelqu'un d'autre. Comprendre la manipulation est essentiel pour la reconnaître dans vos propres relations et prendre des mesures pour vous protéger.

À la base, la manipulation est une question de contrôle. Le manipulateur, consciemment ou inconsciemment, essaie de façonner le comportement de l'autre personne en fonction de ses propres besoins. Ce contrôle peut être exercé de nombreuses manières, allant de suggestions subtiles à des exigences pures et simples. Le problème est que la manipulation implique souvent la tromperie, la pression émotionnelle ou d'autres formes d'influence injuste, ce qui rend difficile pour la personne manipulée de voir ce qui se passe.

L'une des formes de manipulation les plus courantes est la manipulation émotionnelle. Cela se produit lorsque quelqu'un utilise vos émotions contre vous pour obtenir ce qu'il veut. Par exemple, ils pourraient vous culpabiliser en disant des choses comme : « Si tu m'aimais vraiment, tu ferais ceci », ou ils pourraient jouer la victime, vous faisant vous sentir désolé pour eux même s'ils ont tort. Les manipulateurs émotionnels vous font souvent sentir responsable de leur bonheur ou de leur bien-être, ce qui peut vous amener à prendre des décisions qui visent davantage à les satisfaire qu'à ce qui est le mieux pour vous.

Une autre forme de manipulation est la manipulation psychologique, où quelqu'un déforme votre perception de la réalité pour garder le contrôle. Cela peut inclure des tactiques comme le gaslighting, où le manipulateur nie la réalité ou déforme la vérité pour vous faire douter de votre mémoire, de votre jugement ou de votre santé mentale. Par exemple, si vous les confrontez à propos de quelque chose de blessant qu'ils ont fait, ils pourraient le nier complètement ou prétendre que vous « imaginez des choses ». Au fil du temps, cela peut éroder votre confiance dans vos propres pensées et sentiments, vous rendant plus dépendant du manipulateur pour un sentiment de réalité.

La manipulation comportementale est une autre façon dont les gens exercent un contrôle sur leurs relations. Cela implique que le manipulateur utilise des actions, ou des menaces d'actions, pour influencer votre comportement. Par exemple, ils pourraient vous refuser de l'affection, vous traiter en silence ou vous faire culpabiliser pour vous amener à vous conformer à leurs souhaits. La manipulation comportementale peut être subtile, comme un soupir de déception lorsque vous ne faites pas ce qu'ils veulent, ou manifeste, comme une menace de vous quitter si vous ne vous conformez pas. Le but est de vous mettre mal à l'aise ou d'insécurité, afin que vous soyez plus susceptible de céder à leurs demandes.

La manipulation peut également prendre la forme de manipulation sociale, dans laquelle le manipulateur tente de contrôler les personnes avec lesquelles vous interagissez ou la façon dont les autres vous perçoivent. Cela peut inclure de vous isoler de vos amis et de votre famille, de répandre des rumeurs ou de monter les gens contre vous. En contrôlant votre environnement social, le manipulateur vous rend plus dépendant de lui et moins susceptible de rechercher le soutien des autres. La manipulation sociale peut être particulièrement néfaste car elle affecte non seulement votre relation avec le manipulateur mais également vos relations avec les autres.

Parfois, la manipulation est très subtile, presque imperceptible, surtout lorsqu'elle implique une manipulation secrète. Les manipulateurs secrets sont souvent très habiles à cacher leurs véritables intentions. Ils peuvent utiliser des flatteries, des inquiétudes feintes ou des questions apparemment innocentes pour vous orienter dans une direction particulière. Par exemple, ils pourraient dire : « Je ne fais que veiller sur toi », tout en vous décourageant subtilement de poursuivre un objectif qui ne correspond pas à leurs intérêts. Les manipulations secrètes peuvent être difficiles à détecter, car elles donnent souvent l'impression d'être bienveillantes ou solidaires, mais l'intention sous-jacente est de vous contrôler ou de vous influencer.

En revanche, la manipulation manifeste est plus directe et plus facile à reconnaître. Cela peut impliquer des menaces, des demandes ou des ultimatums évidents, dans lesquels le manipulateur indique clairement ce qu'il veut et les conséquences s'il ne s'y conforme pas. Les manipulateurs manifestes peuvent recourir à des tactiques d'intimidation ou d'intimidation, comme élever la voix, proférer des menaces ou recourir à la force physique pour obtenir ce qu'ils veulent. Même si la manipulation manifeste est plus apparente, elle peut néanmoins être très efficace, surtout si la personne manipulée se sent vulnérable ou impuissante.

Les manipulateurs s'appuient souvent sur une combinaison de ces tactiques pour garder le contrôle. Par exemple, ils peuvent utiliser la manipulation émotionnelle pour vous culpabiliser, puis enchaîner avec une manipulation comportementale en vous offrant un traitement silencieux jusqu'à ce que vous cédiez. Ou ils peuvent utiliser la manipulation sociale pour vous isoler, ce qui facilite le recours à la manipulation psychologique sans interférence des autres. La nature superposée de ces tactiques peut rendre difficile la reconnaissance de la manipulation au moment où elle se produit.

Comprendre la manipulation, c'est aussi reconnaître son impact sur les relations. La manipulation crée un déséquilibre de pouvoir, dans lequel le manipulateur détient l'essentiel du contrôle et l'autre personne se sent confuse, anxieuse ou peu sûre d'elle. Ce déséquilibre peut entraîner une multitude de conséquences négatives, notamment une diminution de l'estime de soi, une augmentation du stress et même des dommages physiques ou émotionnels. Au fil du temps, la personne manipulée peut commencer à douter de sa propre valeur, ce qui rend encore plus difficile de tenir tête au manipulateur ou de demander de l'aide.

La manipulation peut également s'auto-entretenir. Plus le manipulateur s'en sort avec son comportement, plus il est susceptible de continuer à l'utiliser. Pendant ce temps, la personne manipulée peut devenir plus ancrée dans le cycle, se sentant de plus en plus piégée et impuissante. Ce cycle peut être difficile à briser, surtout si la manipulation dure depuis longtemps ou si le manipulateur est quelqu'un qui vous tient profondément à cœur.

Cependant, il est important de comprendre que la manipulation est un comportement qui s'apprend. Les gens ne naissent pas manipulateurs ; ils apprennent ces tactiques au fil du temps, souvent pour faire face à leurs propres insécurités ou pour atteindre leurs objectifs. Cela n'excuse pas les comportements manipulateurs, mais cela donne un aperçu des raisons pour lesquelles certaines personnes pourraient recourir à ces tactiques. Comprendre cela peut être utile lorsqu'il s'agit de lutter contre la manipulation dans vos propres relations.

L'une des étapes clés dans la gestion de la manipulation est la prise de conscience. Plus vous comprendrez la manipulation et son fonctionnement, mieux vous serez équipé pour la reconnaître dans vos relations. Cette prise de conscience peut vous permettre d'agir, qu'il s'agisse de fixer des limites, de rechercher du soutien ou même de mettre fin à la relation si nécessaire. Il est également important de vous rappeler que vous avez le droit d'être traité avec respect et que vos pensées, vos sentiments et vos limites soient honorés dans une relation.

Même si la manipulation peut être préjudiciable, elle peut aussi être surmontée. En vous éduquant, en renforçant votre estime de soi et en apprenant à reconnaître les comportements manipulateurs, vous pouvez vous protéger de la manipulation et construire des relations plus saines et plus équilibrées. Ce n'est pas toujours facile, mais suivre ces étapes peut conduire à un plus grand sentiment d'autonomisation et de paix dans vos relations.

La manipulation dans les relations est une question de contrôle et peut se manifester sous de nombreuses formes, depuis des tactiques émotionnelles et psychologiques jusqu'aux pressions comportementales et sociales. Qu'elle soit ouverte ou cachée, la manipulation crée un déséquilibre de pouvoir qui peut nuire à la personne manipulée. En comprenant la nature de la manipulation et son impact sur les relations, vous pouvez prendre des mesures pour vous protéger et favoriser des interactions plus saines avec les autres.

L'impact de la manipulation

La manipulation dans les relations peut affecter profondément une personne à plusieurs niveaux, notamment émotionnellement, mentalement et physiquement. Ces effets se produisent souvent progressivement, ce qui les rend plus difficiles à remarquer jusqu'à ce qu'ils aient déjà causé des dégâts importants. Comprendre ces impacts est crucial pour quiconque tente de reconnaître et de s'affranchir d'un comportement manipulateur.

Sur le plan émotionnel, la manipulation peut conduire à une montagne russe de sentiments, laissant souvent la personne manipulée se sentir épuisée, confuse et incertaine quant à ses émotions. Un effet émotionnel courant est la culpabilité constante. Les manipulateurs utilisent souvent des tactiques comme la culpabilisation, où ils vous font sentir responsable de leur bonheur ou de leur bien-être. Par exemple, si vous ne faites pas ce qu'ils veulent, ils pourraient vous dire des choses comme « Tu ne te soucies pas de moi » ou « Je pensais que tu m'aimais ». Au fil du temps, cette culpabilité peut peser lourdement sur vous, vous donnant l'impression de toujours faire quelque chose de mal, même si ce n'est pas le cas.

Un autre impact émotionnel est l'anxiété. Lorsque vous êtes en relation avec un manipulateur, vous pourriez commencer à vous sentir anxieux car vous ne savez jamais à quoi vous attendre. Le manipulateur peut changer soudainement de comportement, passant de gentil et aimant à froid et distant sans aucune raison claire. Cette imprévisibilité peut vous faire sentir constamment nerveux, vous demandant comment maintenir la paix ou éviter de les perturber. Cette anxiété peut se répercuter sur d'autres domaines de votre vie, affectant votre capacité à vous concentrer, à dormir ou même à profiter de choses qui vous rendaient heureux.

Mentalement, la manipulation peut être encore plus dommageable car elle cible souvent vos pensées et vos croyances à votre sujet. L'un des effets les plus néfastes est le doute de soi. Les manipulateurs sont habiles à vous faire remettre en question votre propre jugement et vos propres perceptions. Par exemple, si vous les confrontez à propos de quelque chose qu'ils ont fait, ils pourraient le nier complètement ou déformer les faits, vous faisant vous demander si vous l'avez imaginé ou si vous avez mal compris ce qui s'est passé. Cette tactique, connue sous le nom de gaslighting, peut vous donner l'impression que vous ne pouvez pas faire confiance à votre propre esprit. Au fil du temps, ce doute constant de soi peut éroder votre confiance, vous laissant un sentiment d'impuissance et de dépendance au manipulateur pour la validation.

Un autre effet mental est la confusion. Les manipulateurs envoient souvent des messages contradictoires ou se contredisent, ce qui rend difficile la compréhension de ce qu'ils veulent ou veulent vraiment dire. Ils peuvent dire une chose mais en faire une autre, ou modifier leurs demandes en fonction de ce qui leur convient du moment. Cela peut créer un environnement déroutant dans lequel vous remettez constamment en question vos actions et vos décisions, essayant de trouver comment leur plaire ou éviter les conflits. Cette confusion peut être mentalement épuisante, vous laissant dépassé et incertain de votre position dans la relation.

Physiquement, le stress et les troubles émotionnels provoqués par la manipulation peuvent se manifester de diverses manières. Le stress chronique est un effet physique courant et peut entraîner toute une série de problèmes de santé. Lorsque vous êtes constamment stressé, votre corps est dans un état d'alerte accru, ce qui peut entraîner des maux de tête, des problèmes d'estomac et même un affaiblissement de la fonction immunitaire. Au fil du temps, ce stress peut également contribuer à des maladies plus graves comme l'hypertension artérielle, les maladies cardiaques ou les douleurs chroniques. Le lien entre le stress et la santé physique est bien documenté, et la pression constante liée à la manipulation peut avoir des conséquences néfastes sur votre corps.

Les problèmes de sommeil sont un autre effet physique de la manipulation. Lorsque vous êtes inquiet ou anxieux au sujet de votre relation, il peut être difficile de vous détendre et de passer une bonne nuit de sommeil. Vous pourriez vous retrouver éveillé la nuit, à rejouer des conversations dans votre tête ou à vous inquiéter de ce qui va se passer ensuite. Le manque de sommeil peut aggraver la situation, affectant votre humeur, votre niveau d'énergie et votre capacité à penser clairement. Cela peut créer un cercle vicieux dans lequel un mauvais sommeil rend plus difficile la gestion du stress de la relation, et le stress rend plus difficile le sommeil.

Les impacts émotionnels, mentaux et physiques de la manipulation sont interconnectés, créant un cycle qui peut être difficile à briser. Par exemple, le stress émotionnel lié au sentiment de culpabilité ou d'anxiété peut conduire à un épuisement mental et à un doute de soi, qui à leur tour peuvent provoquer des symptômes physiques tels que des maux de tête ou de la fatigue. À mesure que ces effets s'accumulent, ils peuvent commencer à affecter d'autres domaines de votre vie, tels que votre travail, vos amitiés et votre sentiment général de bien-être.

Un exemple concret de ces impacts peut être vu dans l'histoire d'une femme nommée Sarah, qui entretenait une relation avec un partenaire manipulateur. Au fil du temps, Sarah a commencé à remarquer qu'elle se sentait toujours coupable, même pour des choses dont elle n'était pas responsable. Son partenaire faisait souvent des commentaires comme « Tu es tellement égoïste » ou « Tu ne penses à personne d'autre qu'à toi-même » chaque fois qu'elle essayait de fixer des limites ou de prendre soin de ses propres besoins. Cette culpabilité constante a donné à Sarah le sentiment d'être une mauvaise personne et elle a commencé à douter de son propre jugement.

Sarah a également commencé à ressentir des symptômes physiques, comme des maux de tête constants et des difficultés à dormir. Elle était toujours nerveuse, s'inquiétant de ce que son partenaire dirait ou ferait ensuite. Le stress de la relation a commencé à affecter son travail, car elle avait plus de mal à se concentrer et à accomplir ses tâches. Elle a également commencé à s'éloigner de ses amis et de sa famille, se sentant trop épuisée et gênée pour expliquer ce qui se passait.

Psychologiquement, la manipulation conduit souvent à une impuissance acquise, une condition dans laquelle la personne manipulée commence à croire qu'elle n'a aucun contrôle sur sa situation. Il s'agit d'un résultat courant d'une manipulation à long terme, en particulier lorsque le manipulateur utilise des tactiques telles que le gaslighting ou l'isolement. Lorsqu'une personne est manipulée en lui faisant croire que ses sentiments, ses pensées ou ses actions n'ont pas d'importance ou ne feront aucune différence, elle peut cesser complètement d'essayer de changer sa situation. Cela peut rendre encore plus difficile la rupture avec la relation manipulatrice, car la personne peut se sentir piégée et désespérée.

La dynamique du pouvoir dans une relation manipulatrice joue également un rôle important dans les effets sur l'individu. Le manipulateur détient l'essentiel du pouvoir, tandis que la personne manipulée se sent souvent impuissante et dépendante. Ce déséquilibre de pouvoir peut conduire à un sentiment de faible estime de soi et d'inutilité. Lorsqu'on dit ou montre constamment à quelqu'un que ses sentiments n'ont pas d'importance ou qu'il n'est pas assez bien, il peut commencer à le croire. Cela peut conduire à un cycle de discours intérieurs négatifs et à une diminution de l'estime de soi.

En plus des effets individuels, la manipulation peut également avoir un effet d'entraînement sur d'autres relations et domaines de la vie. Par exemple, une personne qui a été manipulée dans une relation amoureuse peut avoir du mal à faire confiance aux autres, même après la fin de la relation manipulatrice. Ils peuvent porter les cicatrices émotionnelles et psychologiques dans de nouvelles relations, ce qui rend difficile l'établissement de liens sains et de confiance. Cela peut conduire à un sentiment d'isolement et de solitude, exacerbant encore les effets émotionnels et mentaux de la manipulation.

L'impact de la manipulation dans les relations est profond et de grande envergure. Émotionnellement, cela peut entraîner des sentiments de culpabilité, d'anxiété et de confusion. Mentalement, cela peut provoquer un doute de soi, une perte de confiance et une impuissance acquise. Physiquement, le stress lié à la manipulation peut se manifester par des problèmes de santé tels que le stress chronique, des problèmes de sommeil et des maladies encore plus graves. Comprendre ces impacts est la première étape pour reconnaître la manipulation et prendre des mesures pour vous protéger. En reconnaissant les conséquences émotionnelles, mentales et physiques de la manipulation, vous pouvez commencer à reconstruire votre estime de soi et à évoluer vers des relations plus saines et plus équilibrées.

CHAPITRE 1

Reconnaître un comportement manipulateur

Types de manipulateurs

Dans les relations, les manipulateurs peuvent prendre diverses formes, chacune ayant des caractéristiques et des comportements distincts. Comprendre les différents types de manipulateurs est essentiel pour reconnaître quand vous pourriez avoir affaire à un. Certains des types de manipulateurs les plus courants comprennent les manipulateurs secrets, manifestes et passifs-agressifs. Chaque type fonctionne différemment, mais tous partagent l'objectif de contrôler ou d'influencer les autres pour répondre à leurs propres besoins.

Les manipulateurs secrets sont souvent les plus difficiles à identifier car leurs tactiques sont subtiles et souvent déguisées en souci ou en inquiétude. Ils ont tendance à travailler en coulisses, influençant vos pensées et vos actions d'une manière qui n'est pas immédiatement évidente. Les manipulateurs secrets sont souvent charmants et aimables, ce qui rend difficile de croire qu'ils pourraient vous manipuler. Ils peuvent utiliser la flatterie, la gentillesse ou un intérêt apparemment sincère pour votre bien-être pour gagner votre confiance. Cependant, leur véritable intention est de vous contrôler, souvent sans que vous vous en rendiez compte.

Une des caractéristiques des manipulations secrètes est le gaslighting. Le gaslighting, c'est quand quelqu'un vous fait douter de votre propre perception de la réalité. Par exemple, si vous exprimez votre inquiétude à propos de quelque chose qu'ils ont fait, ils pourraient nier que cela se soit produit ou suggérer que vous êtes trop sensible.

Au fil du temps, cela peut vous amener à remettre en question votre mémoire, votre jugement et même votre santé mentale. Les manipulateurs secrets peuvent également recourir à la culpabilité, vous faisant vous sentir responsable de leurs émotions ou de leurs actions. Ils pourraient dire des choses comme : « Je veux juste ce qu'il y a de mieux pour toi », tout en vous orientant subtilement dans la direction qui leur profite. La force du manipulateur secret réside dans sa capacité à cacher ses véritables intentions, ce qui rend son comportement difficile à détecter.

Les manipulateurs manifestes, en revanche, ont une approche beaucoup plus directe. Leurs tactiques sont évidentes et impliquent souvent une démonstration claire de pouvoir ou de contrôle. Les manipulateurs manifestes peuvent recourir à l'intimidation, aux menaces ou à des exigences pures et simples pour obtenir ce qu'ils veulent. Ils se soucient souvent moins de la façon dont ils sont perçus par les autres, se concentrant plutôt sur la réalisation de leurs objectifs le plus rapidement possible. La manipulation manifeste peut inclure des comportements tels que l'intimidation, dans lesquels le manipulateur utilise des tactiques agressives pour vous forcer à vous soumettre. Cela peut impliquer d'élever la voix, d'utiliser un langage humiliant ou de vous intimider physiquement pour vous faire respecter ses souhaits.

Une autre tactique courante des manipulateurs manifestes est le chantage émotionnel. Le chantage émotionnel consiste à recourir à des menaces ou à des ultimatums pour contrôler votre comportement. Par exemple, ils pourraient dire : « Si tu ne fais pas ça, je te quitterai » ou « Si tu m'aimais vraiment, tu ferais ce que je te demande ». Ces déclarations sont conçues pour vous pousser à faire quelque chose avec lequel vous n'êtes pas à l'aise, en vous faisant craindre les conséquences d'un refus. Les manipulateurs manifestes sont souvent très clairs sur leurs revendications, laissant peu de place à la négociation ou à la discussion. Leur objectif est de dominer la relation, en veillant à ce que leurs besoins soient toujours satisfaits, souvent aux dépens des vôtres.

Les manipulateurs passifs-agressifs se situent quelque part entre les manipulateurs secrets et manifestes, utilisant des méthodes indirectes pour exprimer leur mécontentement ou pour contrôler une situation. Un comportement passif-agressif implique d'exprimer des sentiments négatifs de manière subtile et indirecte plutôt que de les aborder ouvertement. Cela peut inclure des comportements tels que le traitement silencieux, les commentaires sarcastiques ou le fait de faire délibérément quelque chose de mal pour éviter toute responsabilité. Les manipulateurs passifs-agressifs utilisent souvent ces tactiques pour exprimer leur colère ou leur frustration sans avoir à affronter directement le problème.

Une tactique passive-agressive courante est le traitement silencieux. Cela se produit lorsque le manipulateur refuse de communiquer avec vous pour vous punir ou obtenir ce qu'il veut. Ils peuvent cesser de vous parler pendant des heures, des jours, voire plus, vous laissant confus et anxieux à propos de ce que vous avez fait de mal. Le traitement silencieux peut être incroyablement stressant car il vous laisse dans un état d'incertitude, vous demandant ce que vous avez fait pour les contrarier et comment vous pouvez y remédier. Le but est de vous faire sentir suffisamment coupable ou désespéré pour vous excuser ou céder à leurs demandes, même si vous n'êtes pas sûr de ce que sont ces demandes.

Un autre comportement passif-agressif est le sarcasme ou les compliments détournés. Ce sont des commentaires qui semblent être des éloges en surface mais qui contiennent un message négatif caché. Par exemple, un manipulateur passif-agressif pourrait dire : « C'est agréable de voir que tu as enfin fait un effort », ce qui implique que ce n'est généralement pas le cas. Ces commentaires peuvent vous blesser ou vous laisser perplexe, surtout si vous n'êtes pas sûr que le manipulateur soit sincère ou non. Les manipulateurs passifs-agressifs utilisent souvent le sarcasme pour exprimer leur mécontentement sans avoir à aborder directement le problème, ce qui rend difficile pour vous de répondre ou de vous défendre.

Chaque type de manipulateur utilise des tactiques différentes, mais le but est toujours le même : vous contrôler ou vous influencer pour répondre à ses besoins. Reconnaître ces comportements est la première étape pour se protéger de la manipulation. Il est important de comprendre que la manipulation n'est pas toujours intentionnelle. Certaines personnes peuvent utiliser ces tactiques parce qu'elles les ont apprises des autres ou parce qu'elles ne savent pas comment communiquer leurs besoins de manière plus saine. Cependant, cela n'excuse pas les comportements manipulateurs, et il est crucial de fixer des limites et de vous protéger si vous remarquez ces schémas dans vos relations.

Un exemple de manipulation secrète pourrait être un partenaire qui vous félicite constamment d'être « si compréhensif » lorsqu'il fait des erreurs, ce qui implique subtilement que vous devez toujours lui pardonner, quoi qu'il arrive. Cela peut créer une dynamique dans laquelle vous vous sentez obligé d'ignorer leur comportement, même s'il vous est préjudiciable. Un exemple de manipulation manifeste pourrait être un partenaire qui exige que vous quittiez votre emploi parce qu'il veut que vous restiez à la maison, en vous menaçant de mettre fin à la relation si vous refusez. Dans un scénario passif-agressif, un partenaire peut accepter de faire quelque chose que vous demandez, mais le faire volontairement mal, vous êtes donc moins susceptible de lui demander à nouveau.

Reconnaître les différents types de manipulateurs et leurs tactiques peut vous aider à mieux comprendre vos relations et à prendre des mesures pour vous protéger. Que la manipulation soit secrète, manifeste ou passive-agressive, la clé est de reconnaître les signes et d'y remédier dès le début. Fixer des limites claires, communiquer ouvertement et rechercher le soutien d'amis ou de professionnels de confiance peuvent vous aider à relever ces défis et à établir des relations plus saines et plus équilibrées.

Drapeaux rouges et panneaux d'avertissement

Reconnaître les signaux d'alarme et les signes avant-coureurs dans une relation est essentiel pour identifier un comportement manipulateur avant qu'il ne cause un préjudice important. Les manipulateurs utilisent souvent des tactiques spécifiques pour contrôler ou influencer leurs partenaires, et être conscient de ces comportements peut vous aider à vous protéger. Ces signaux d'alarme peuvent être subtils au début, mais avec le temps, ils deviennent plus évidents à mesure que les schémas manipulateurs se répètent.

L'un des signaux d'alarme les plus courants est la critique constante. Un manipulateur peut fréquemment vous critiquer, souvent sous prétexte d'être « serviable » ou « honnête ». Ces critiques peuvent cibler divers aspects de votre vie, notamment votre apparence, vos décisions ou votre personnalité. Par exemple, ils pourraient dire des choses comme : « Tu serais bien plus jolie si tu perdais juste un peu de poids » ou « Tu es trop sensible, tu as besoin de t'endurcir ». Ces commentaires visent à miner votre confiance et à vous faire sentir inadéquat. Au fil du temps, des critiques constantes peuvent éroder votre estime de soi, vous rendant plus dépendant du manipulateur pour la validation.

Un autre signe d'avertissement est l'isolement des amis et de la famille. Les manipulateurs tentent souvent de vous couper de votre réseau de soutien, ce qui leur permet de vous contrôler plus facilement. Ils peuvent le faire en vous décourageant subtilement de passer du temps avec vos proches ou en créant des conflits qui rendent difficile le maintien de ces relations. Par exemple, ils pourraient se plaindre que vos amis ne les aiment pas ou que votre famille exige trop de votre temps. Au fil du temps, vous pourriez vous retrouver à voir moins de personnes qui se soucient de vous, vous laissant plus dépendant du manipulateur pour votre soutien émotionnel. Cet isolement peut rendre plus difficile pour vous de reconnaître la manipulation et de demander de l'aide.

Le blâme et la désignation de boucs émissaires sont également des tactiques couramment utilisées par les manipulateurs. Ils assument rarement la responsabilité de leurs actes et rejettent rapidement la faute sur les autres, en particulier leur partenaire, pour tout problème qui survient. Si quelque chose ne va pas, ils pourraient dire des choses comme : « Tout est de votre faute » ou « Si vous n'aviez pas fait cela, nous ne serions pas dans cette situation ». Ce blâme constant peut vous faire sentir coupable et responsable de problèmes dont vous n'êtes pas responsable. Au fil du temps, vous pourriez commencer à croire que vous êtes la cause de tous les problèmes dans la relation, ce qui sape encore plus votre confiance et vous rend plus vulnérable à la manipulation.

Le chantage émotionnel est un autre signal d'alarme à surveiller. Les manipulateurs ont recours au chantage émotionnel pour contrôler votre comportement en jouant sur vos peurs, votre culpabilité ou votre compassion. Ils peuvent proférer des menaces du type : « Si tu me quittes, je me ferai du mal » ou « Si tu ne fais pas ça pour moi, je ne te parlerai plus jamais ». Ces menaces sont conçues pour vous faire sentir piégé et vous forcer à vous conformer à leurs exigences. Le chantage émotionnel peut être incroyablement stressant, car il vous met dans une position où vous sentez que vous n'avez pas d'autre choix que de céder à ses souhaits pour éviter des conséquences négatives.

Une autre tactique courante est le gaslighting, où le manipulateur vous fait remettre en question votre réalité. Ils peuvent nier ce qu'ils ont dit ou fait, vous faire douter de votre mémoire ou suggérer que vous réagissez de manière excessive ou que vous imaginez des choses. Par exemple, si vous les confrontez à propos de quelque chose de blessant qu'ils ont dit, ils pourraient répondre : « Je n'ai jamais dit cela, vous devez vous en souvenir mal » ou « Vous êtes trop émotif ; ce n'était pas si grave ». Au fil du temps, cela peut vous faire douter de votre perception des événements et même de votre santé mentale, ce qui permet au manipulateur de vous contrôler plus facilement.

Le love-bombing est un autre signal d'alarme qui peut être difficile à reconnaître car il semble initialement positif. Le bombardement d'amour consiste à vous submerger d'affection, d'attention et de cadeaux au début de la relation. Le manipulateur peut vous combler de compliments, faire de grands gestes ou dire des choses comme : « Tu es la meilleure chose qui me soit jamais arrivée » ou « Je n'ai jamais ressenti cela pour personne auparavant ». Même si cela peut sembler flatteur, il s'agit souvent d'une tactique visant à établir rapidement un contrôle et à créer un sentiment d'obligation. Une fois que le manipulateur sent qu'il vous a accroché, le bombardement d'amour s'arrête souvent et des comportements plus manipulateurs commencent à émerger.

La jalousie et la possessivité sont également des signes avant-coureurs de manipulation. S'il est naturel de se sentir un peu jaloux dans une relation, les manipulateurs poussent cela à l'extrême. Ils peuvent devenir trop possessifs et se demander constamment où vous êtes, avec qui vous êtes et ce que vous faites. Ils pourraient dire des choses comme : « Je t'aime tellement, je ne supporte pas l'idée de te perdre » ou « Je suis seulement jaloux parce que je tiens à toi ». Cependant, ce comportement relève davantage du contrôle que de l'amour. Le manipulateur utilise la jalousie pour vous garder nerveux et limiter vos interactions avec les autres, ce qui facilite votre isolement et votre contrôle.

Refuser de l'affection ou de l'approbation est une autre tactique utilisée par les manipulateurs pour vous garder en ligne. Ils peuvent vous traiter en silence, refuser de vous montrer de l'affection ou retirer leur approbation lorsque vous faites quelque chose qu'ils n'aiment pas. Par exemple, si vous n'êtes pas d'accord avec eux sur quelque chose, ils pourraient soudainement devenir froids ou distants, vous rendant anxieux et désespéré de retrouver leurs bonnes grâces. Ce comportement vous oblige à rechercher leur approbation et à éviter de faire quoi que ce soit qui pourrait les contrarier, même si cela implique de compromettre vos propres besoins ou valeurs.

Le contrôle financier est une forme de manipulation plus tangible, dans laquelle le manipulateur contrôle ou restreint votre accès à l'argent. Ils peuvent insister sur la gestion de toutes les finances, vous verser une allocation ou critiquer vos habitudes de dépenses. Dans des cas plus extrêmes, ils peuvent vous empêcher de travailler ou d'accéder à votre propre argent, vous rendant ainsi financièrement dépendant d'eux. Ce contrôle financier peut rendre très difficile la rupture de la relation, car vous pourriez craindre de ne pas pouvoir subvenir à vos besoins sans leur aide.

Un comportement incohérent est un autre signal d'alarme. Les manipulateurs alternent souvent entre être aimants et solidaires et être critiques ou distants. Cette incohérence vous déséquilibre, sans jamais savoir à quoi vous attendre. À un moment donné, ils pourraient vous couvrir d'affection, et le moment suivant, ils pourraient vous ignorer ou se battre. Ce comportement imprévisible peut être très déroutant et stressant, car vous essayez constamment de comprendre ce que vous avez fait pour provoquer le changement et comment vous pouvez revenir au côté positif de leur attention.

Tester les limites est une tactique dans laquelle le manipulateur repousse progressivement vos limites pour voir dans quelle mesure il peut s'en sortir. Ils peuvent commencer par de petites demandes ou demandes, puis augmenter progressivement leurs attentes. Par exemple, ils peuvent d'abord vous demander d'annuler les projets avec des amis pour passer du temps avec eux, puis s'attendre à ce que vous cessiez complètement de voir ces amis. En testant ainsi vos limites, ils érodent lentement votre sentiment d'autonomie et facilitent votre contrôle.

Reconnaître ces signaux d'alarme est crucial pour identifier les comportements manipulateurs dans une relation. Il est important de faire confiance à votre instinct et de prêter attention à ce que vous ressentez dans la relation. Si vous remarquez l'un de ces signes avant-coureurs, cela pourrait être le signe que la relation est malsaine, et cela vaut la peine de prendre du recul pour évaluer si cela sert réellement votre bien-être. Rechercher le soutien d'amis de confiance, de membres de votre famille ou d'un thérapeute peut également vous aider à prendre du recul et à prendre des mesures pour vous protéger de la manipulation. N'oubliez pas que des relations saines sont basées sur le respect mutuel, la confiance et une communication ouverte, et non sur le contrôle et la manipulation.

La psychologie derrière la manipulation

Le comportement manipulateur est souvent motivé par des facteurs psychologiques profondément ancrés qui influencent la façon dont les individus interagissent avec les autres. Comprendre ces facteurs peut nous aider à comprendre pourquoi certaines personnes recourent à la manipulation dans leurs relations. Même si les raisons exactes peuvent varier, certains modèles et motivations sont couramment observés chez les manipulateurs.

L'une des principales raisons psychologiques de la manipulation est le désir de contrôle. Les manipulateurs ressentent souvent le besoin de contrôler les autres pour se sentir en sécurité ou puissants. Ce besoin de contrôle peut provenir de diverses sources, telles que des expériences d'enfance où ils se sont sentis impuissants ou hors de contrôle. En manipulant les autres, ils créent un sentiment de domination, qui leur procure la sécurité et la confiance dont ils rêvent. Pour certains, ce contrôle compense les sentiments d'incapacité ou de faible estime de soi, leur permettant d'affirmer leur influence sur les autres afin de renforcer leur propre estime de soi.

Les manipulateurs manquent souvent d'empathie, ce qui joue un rôle important dans leur comportement. L'empathie est la capacité de comprendre et de partager les sentiments des autres, et elle agit comme une barrière naturelle contre les actions manipulatrices. Cependant, les personnes qui manquent d'empathie peuvent avoir du mal à voir l'impact de leur comportement sur les autres. Ils pourraient considérer les relations davantage comme des transactions ou des opportunités d'obtenir ce qu'ils veulent, plutôt que comme des liens basés sur l'attention et le respect mutuels. Sans empathie, ils sont moins susceptibles de ressentir de la culpabilité ou des remords pour leurs actes, ce qui leur permet de manipuler plus facilement les autres sans se soucier des dommages émotionnels qu'ils causent.

Un autre facteur psychologique pouvant conduire à un comportement manipulateur est l'insécurité. De nombreux manipulateurs manquent profondément d'assurance et utilisent la manipulation pour se protéger des menaces perçues. Par exemple, une personne qui n'est pas sûre de sa valeur dans une relation peut utiliser des tactiques telles que la culpabilité ou le chantage émotionnel pour empêcher son partenaire de la quitter. En faisant en sorte que l'autre personne se sente responsable de ses émotions, le manipulateur peut créer un sentiment de dépendance, garantissant que son partenaire reste avec lui malgré ses insécurités. Ce type de manipulation naît souvent d'une peur de l'abandon ou du rejet, où le manipulateur croit que contrôler son partenaire est le seul moyen de maintenir la relation.

Le besoin de validation est un autre moteur du comportement manipulateur. Les manipulateurs recherchent souvent la validation constante des autres pour renforcer leur estime de soi. Cela peut les amener à adopter des comportements tels que le bombardement d'amour, dans lesquels ils comblent leur partenaire d'affection et d'éloges pour recevoir la même chose en retour. Ce cycle de recherche de validation peut devenir addictif, car le manipulateur s'appuie sur l'approbation externe pour se sentir bien dans sa peau. Lorsqu'ils ne reçoivent pas la validation dont ils rêvent, ils peuvent recourir à des tactiques plus manipulatrices pour l'obtenir, comme jouer la victime ou créer un drame pour susciter la sympathie.

Certains manipulateurs sont motivés par le narcissisme, un trait de personnalité caractérisé par un sentiment exagéré de suffisance et un manque de respect pour les autres. Les manipulateurs narcissiques croient souvent qu'ils ont droit à un traitement spécial et feront de grands efforts pour s'assurer qu'ils l'obtiennent. Ils peuvent recourir à la manipulation pour conserver leur image, contrôler leur environnement ou atteindre leurs objectifs sans tenir compte de l'impact sur les autres. Les narcissiques considèrent souvent les relations comme un moyen d'atteindre un but, utilisant les autres pour satisfaire leurs propres besoins d'attention, d'admiration ou de pouvoir. Leur manipulation est souvent plus calculée et délibérée, car ils considèrent les autres comme des outils à utiliser plutôt que comme des égaux dans une relation.

Dans certains cas, les manipulateurs peuvent également souffrir de troubles de la personnalité, comme le trouble de la personnalité limite ou le trouble de la personnalité antisociale. Ces troubles peuvent contribuer à un comportement manipulateur, car ils impliquent souvent des difficultés à nouer des relations saines et à réguler les émotions. Par exemple, une personne atteinte d'un trouble de la personnalité limite peut craindre si intensément l'abandon qu'elle adopte des comportements manipulateurs pour garder son partenaire proche. D'un autre côté, une personne atteinte d'un trouble de la personnalité antisociale peut manquer de conscience et manipuler les autres uniquement à des fins personnelles, sans se soucier des conséquences.

Un comportement acquis peut également jouer un rôle important dans la raison pour laquelle les gens deviennent manipulateurs. Si quelqu'un grandit dans un environnement où la manipulation était courante, il peut en venir à y voir une manière normale d'interagir avec les autres. Par exemple, un enfant qui voit un parent utiliser la culpabilité ou la coercition pour obtenir ce qu'il veut peut intérioriser ces tactiques et les utiliser dans ses propres relations plus tard dans la vie. Ce comportement appris peut être difficile à désapprendre, surtout si l'individu ne le reconnaît pas comme problématique. Ils peuvent croire sincèrement que la manipulation est un moyen acceptable, voire nécessaire, pour atteindre leurs objectifs.

Un autre facteur contribuant au comportement manipulateur est la peur de la vulnérabilité du manipulateur. Certaines personnes sont mal à l'aise à l'idée d'être ouvertes et honnêtes dans leurs relations parce qu'elles craignent d'être blessées, rejetées ou exposées. Pour se protéger, ils peuvent recourir à la manipulation pour tenir les autres à distance ou pour garder le contrôle sur la façon dont ils sont perçus. En manipulant les situations ou les personnes, ils évitent d'avoir à montrer leurs véritables sentiments ou besoins, qu'ils peuvent considérer comme des faiblesses. Cette peur de la vulnérabilité peut rendre difficile l'établissement de véritables liens, car ils se concentrent davantage sur leur protection que sur l'établissement de la confiance et de l'intimité.

Les manipulateurs cherchent aussi souvent à éviter la responsabilité de leurs actes. En rejetant la faute, en niant les actes répréhensibles ou en jouant le rôle de victime, ils peuvent échapper à leur responsabilité et maintenir leur sentiment de contrôle. Cet évitement de responsabilité peut être lié à une peur profondément ancrée de l'échec ou de la critique. En manipulant la situation pour faire croire que c'est la faute de quelqu'un d'autre, ils protègent leur ego fragile de l'inconfort d'admettre leurs erreurs ou leurs défauts. Ce comportement peut être particulièrement préjudiciable dans les relations, car il empêche le manipulateur de s'engager dans la communication honnête et l'introspection nécessaires à la croissance et au respect mutuel.

Certains individus se livrent à des manipulations par désir de pouvoir. Ils peuvent apprécier le sentiment de contrôle et de supériorité qui découle de leur capacité à influencer les autres. Ce désir de pouvoir peut être enraciné dans des expériences passées où ils se sont sentis impuissants ou ont eux-mêmes été manipulés. En devenant manipulateur, ils peuvent avoir l'impression de reprendre le contrôle de leur vie. Cependant, cette quête de pouvoir se fait souvent au détriment de l'autonomie et du bien-être des autres, conduisant à des relations malsaines et préjudiciables.

La psychologie derrière la manipulation est complexe et multiforme. Cela implique souvent une combinaison d'insécurités profondément ancrées, un besoin de contrôle, un manque d'empathie et des comportements acquis grâce aux expériences passées. Les manipulateurs utilisent ces tactiques pour se protéger, obtenir une validation, éviter leurs responsabilités ou atteindre leurs objectifs, souvent sans se soucier du préjudice qu'ils causent aux autres. Comprendre ces motivations psychologiques peut nous aider à reconnaître les comportements manipulateurs et à prendre des mesures pour nous protéger de ses effets néfastes. Reconnaître les raisons sous-jacentes de la manipulation peut également conduire à une compréhension plus profonde du comportement du manipulateur, même s'il est important de se rappeler que cette compréhension n'excuse pas le préjudice qu'il peut causer dans une relation.

CHAPITRE 2

Les effets émotionnels de la manipulation

Gaslighting et doute de soi

Le gaslighting est une forme de manipulation psychologique dans laquelle le manipulateur cherche à amener la victime à remettre en question sa propre réalité, ses souvenirs ou ses perceptions. Cette tactique est insidieuse car elle érode lentement le sens de soi et de la réalité de la victime, conduisant à la confusion, au doute de soi et au sentiment d'être piégée dans la relation. Le terme « éclairage au gaz » vient d'une pièce de 1938 intitulée Gas Light, dans laquelle un mari manipule sa femme en lui faisant croire qu'elle devient folle en baissant les lampes à gaz de leur maison, puis en niant que les lumières aient changé du tout. Cette méthode de manipulation est désormais largement reconnue comme une tactique courante utilisée par les individus qui souhaitent contrôler et dominer leurs partenaires.

Le gaslighting commence subtilement. Le manipulateur peut commencer par remettre en question la mémoire de la victime concernant des événements spécifiques. Par exemple, si la victime se souvient d'une conversation au cours de laquelle le manipulateur a fait des commentaires blessants, le manipulateur pourrait répondre en disant : « Je n'ai jamais dit ça. Vous imaginez simplement des choses. Au fil du temps, la victime commence à douter de sa propre mémoire, se demandant si elle se trompe ou si elle perd même le contrôle de la réalité. Ce doute est exacerbé lorsque le manipulateur nie à plusieurs reprises la vérité ou la déforme de telle manière que la victime commence à se fier à la version des événements du manipulateur au lieu de se fier à ses propres perceptions.

Une autre tactique courante du gaslighting consiste à banaliser les sentiments ou les réactions de la victime. Par exemple, si la victime exprime qu'elle se sent blessée par quelque chose que le manipulateur a fait, celui-ci peut répondre par des phrases telles que « Vous réagissez de manière excessive » ou « Vous êtes trop sensible ». En rejetant les émotions de la victime, le manipulateur lui donne l'impression que ses sentiments sont invalides ou déraisonnables. Au fil du temps, cela peut amener la victime à réprimer ses émotions, à remettre en question ses réactions et, finalement, à douter de sa propre capacité à évaluer les situations avec précision.

Une forme plus extrême de gaslighting implique que le manipulateur crée des scénarios ou modifie les faits pour confondre la victime. Par exemple, le manipulateur pourrait déplacer les affaires de la victime, puis prétendre que celle-ci les a égarées. Lorsque la victime exprime sa confusion, le manipulateur peut suggérer qu'elle perd la mémoire ou est désorganisée. Dans les cas plus graves, le manipulateur peut même convaincre la victime qu'elle est mentalement instable, la poussant à demander de l'aide pour des problèmes qui n'existent pas. Ce niveau de manipulation peut avoir des effets dévastateurs sur la santé mentale de la victime, la conduisant à se sentir isolée, impuissante et dépendante du manipulateur pour obtenir des conseils et du soutien.

Le gaslighting est particulièrement nocif car il cible la confiance en soi de la victime. En sapant constamment la perception de la réalité de la victime, le manipulateur crée un environnement dans lequel la victime n'a plus confiance en son propre jugement. Cela peut conduire à un profond sentiment d'insécurité et à une perte d'estime de soi. La victime peut commencer à croire qu'elle est incompétente ou indigne de prendre des décisions, ce qui peut la rendre plus dépendante du manipulateur. Cette dépendance renforce encore le contrôle du manipulateur sur la victime, rendant encore plus difficile pour la victime de reconnaître la manipulation et de se libérer de la relation toxique.

Les effets du gaslighting s'étendent au-delà de la relation de l'individu avec le manipulateur. À mesure que le doute et la confusion s'installent, la victime peut également commencer à remettre en question ses interactions avec les autres. Ils pourraient hésiter à partager leurs pensées ou leurs sentiments, craignant d'être jugés ou rejetés comme ils l'ont été dans la relation manipulatrice. Cela peut conduire à un retrait social, dans la mesure où la victime s'isole pour éviter la douleur d'une invalidation supplémentaire. Au fil du temps, le monde de la victime devient plus petit et son sens de la réalité est de plus en plus déformé par l'influence du manipulateur.

En plus du doute de soi, le gaslighting peut provoquer un profond sentiment de confusion. La victime peut avoir l'impression de marcher constamment sur des œufs, incertaine de ce qui est réel et de ce qui ne l'est pas. Cette confusion peut être paralysante, empêchant la victime d'agir pour remédier à la situation ou demander de l'aide. Ils peuvent se sentir piégés dans un état d'incertitude constante, incapables de faire confiance à leurs propres pensées, sentiments ou perceptions. Ce brouillard mental peut empêcher la victime de percevoir le comportement du manipulateur tel qu'il est et de reconnaître la nécessité de se protéger contre d'autres dommages.

L'impact psychologique du gaslighting peut être durable. Même après que la victime ait quitté la relation manipulatrice, les effets du gaslighting peuvent persister. La victime peut continuer à douter d'elle-même, remettant en question son propre jugement dans de nouvelles situations et relations. Ils peuvent également avoir du mal à faire confiance aux autres, craignant d'être à nouveau manipulés ou trompés. Ce sentiment persistant de vulnérabilité peut rendre difficile pour la victime de rétablir sa confiance et de reprendre le contrôle de sa vie.

Il est important de noter que le gaslighting ne se produit pas seulement dans les relations amoureuses ; cela peut se produire dans n'importe quel type de relation, y compris les amitiés, la dynamique familiale et le cadre professionnel. Dans tous les cas, le but du manipulateur est de saper le sens des réalités de la victime afin d'exercer un contrôle sur elle. Reconnaître les signes du gaslighting est la première étape pour se protéger de ses effets néfastes.

Certains signes courants de gaslighting incluent une remise en question constante de vous-même, le sentiment d'être trop sensible ou des excuses fréquentes même si vous n'avez rien fait de mal. Les victimes peuvent également se retrouver à trouver des excuses pour le comportement du manipulateur ou à se sentir confuses quant à leurs propres pensées et sentiments. Si ces signes sont présents, il est essentiel de prendre du recul et d'évaluer la relation avec un esprit clair, en sollicitant éventuellement l'avis d'amis de confiance ou d'un professionnel de la santé mentale.

Pour se libérer du gaslighting, la victime doit retrouver son sens de la réalité et sa confiance en elle. Ce processus peut être difficile, surtout si la victime a été soumise à un éclairage au gaz pendant une période prolongée. Cependant, avec du soutien et une conscience de soi, il est possible de surmonter les effets du gaslighting et de rétablir la confiance dans ses perceptions et ses décisions.

Demander de l'aide est un élément essentiel de ce processus de rétablissement. Les amis, la famille ou un thérapeute peuvent fournir la validation et la perspective dont la victime a besoin pour voir le comportement du manipulateur tel qu'il est. La thérapie peut être particulièrement bénéfique pour aider la victime à reconstruire son estime de soi, à fixer des limites saines et à développer des stratégies pour reconnaître et résister à la manipulation à l'avenir.

Le gaslighting est une forme de manipulation puissante et dommageable qui peut laisser les victimes confuses, douter d'elles-mêmes et déconnectées de la réalité. Cela agit en sapant la perception de la réalité par la victime et en érodant sa confiance dans son propre jugement. Les effets du gaslighting peuvent être profonds et durables, mais avec une prise de conscience, un soutien et une aide professionnelle, les victimes peuvent retrouver leur identité et se libérer de l'influence manipulatrice. Comprendre le gaslighting et son impact est essentiel pour toute personne susceptible d'être victime ou témoin de cette forme de manipulation, car cela constitue la base pour prendre des mesures pour se protéger et protéger les autres de ses effets néfastes.

Chantage émotionnel

Le chantage émotionnel est une forme de manipulation psychologique dans laquelle une personne utilise la peur, la culpabilité et l'obligation de contrôler une autre. C'est un outil puissant que les manipulateurs utilisent pour obtenir ce qu'ils veulent en exploitant les vulnérabilités émotionnelles de leur partenaire. Cette tactique peut être subtile ou manifeste, mais son objectif principal est de contraindre la victime à se conformer aux demandes du manipulateur, souvent aux dépens de son propre bien-être et de ses désirs.

Dans le chantage émotionnel, le manipulateur crée souvent un scénario dans lequel la victime a le sentiment qu'elle doit choisir entre ses propres besoins et ceux du manipulateur. Le manipulateur présente ses demandes de telle manière que la victime ressent une immense pression pour s'y conformer, généralement par peur de perdre la relation, d'être punie émotionnellement ou de causer du tort au manipulateur. Cette pression peut être écrasante, conduisant la victime à agir contre son propre intérêt simplement pour atténuer l'inconfort émotionnel immédiat.

L'une des techniques de chantage émotionnel les plus courantes est le recours à la culpabilité. Le manipulateur pourrait suggérer que si la victime l'aimait ou prenait vraiment soin d'elle, elle se conformerait à ses souhaits. Ils peuvent dire des choses comme : « Si tu m'aimais vraiment, tu ferais ça pour moi » ou « Je ne peux pas croire que tu me ferais du mal comme ça ». Ces déclarations sont conçues pour culpabiliser la victime même si elle prend en compte ses propres besoins ou limites. La victime peut commencer à croire qu'elle est égoïste ou peu aimante si elle ne cède pas aux exigences du manipulateur, ce qui l'amène à sacrifier son propre bonheur pour éviter la culpabilité.

La peur est un autre outil puissant de chantage émotionnel. Le manipulateur peut menacer de mettre fin à la relation, de se faire du mal ou même de faire du mal à la victime si ses demandes ne sont pas satisfaites. Par exemple, un manipulateur pourrait dire : « Si tu me quittes, je ne sais pas ce que je ferai. Je pourrais me blesser. Ce type de menace crée un profond sentiment de peur chez la victime, qui peut avoir le sentiment qu'elle n'a d'autre choix que d'obéir pour éviter que quelque chose de terrible ne se produise. La peur de perdre la relation ou de causer du tort au manipulateur peut être si intense que la victime se sent piégée, incapable d'affirmer ses propres besoins ou limites.

L'obligation est le troisième élément clé du chantage émotionnel. Le manipulateur joue souvent sur le sens du devoir ou de la responsabilité de la victime. Ils pourraient rappeler à la victime tout ce qu'elle a fait pour elle, en disant des choses comme : « Après tout ce que j'ai fait pour toi, voici comment tu me récompenses ? ou "Tu me dois ça." En présentant ses demandes comme quelque chose que la victime est obligée de remplir, le manipulateur rend difficile pour la victime de refuser sans se sentir injuste ou ingrate. Ce sentiment d'obligation peut être particulièrement fort dans les relations où il existe un déséquilibre de pouvoir important, comme dans les relations parent-enfant ou dans les relations où l'un des partenaires dépend financièrement de l'autre.

Reconnaître le chantage émotionnel peut être difficile car il joue souvent sur des émotions naturelles dans les relations, comme l'amour, l'attention et l'inquiétude. Cependant, il existe des signes clairs qui indiquent que ces émotions sont manipulées à des fins de contrôle. Par exemple, si vous vous retrouvez constamment à compromettre vos propres besoins pour éviter la culpabilité, la peur ou le sentiment d'obligation, vous pourriez être victime d'un chantage émotionnel. Un autre signe est le sentiment que vous n'avez pas d'autre choix que de vous conformer aux exigences de votre partenaire, même si ces exigences vous mettent mal à l'aise ou vous rendent malheureux.

Pour résister au chantage émotionnel, il est essentiel de développer des limites solides et une idée claire de vos propres besoins et valeurs. Commencez par reconnaître que vos émotions et vos besoins sont valables et méritent d'être respectés. Il est important de se rappeler que l'amour et les soins ne doivent pas s'accompagner de conditions qui vous obligent à sacrifier votre propre bien-être. Si vous constatez que votre partenaire utilise la culpabilité, la peur ou l'obligation pour vous contrôler, prenez du recul et évaluez la situation avec un esprit clair. Demandez-vous si les exigences qui vous sont imposées sont raisonnables et si leur respect correspond à vos propres valeurs et besoins.

Une stratégie efficace pour résister au chantage émotionnel consiste à affirmer vos limites clairement et calmement. Lorsque le manipulateur essaie d'utiliser la culpabilité, la peur ou l'obligation contre vous, répondez en énonçant fermement vos limites. Par exemple, vous pourriez dire : « Je comprends que tu es contrarié, mais je dois prendre soin de moi dans cette situation » ou « Je tiens à toi, mais je ne peux pas faire ça parce que cela va à l'encontre de mes valeurs. » En restant ferme dans vos limites, vous communiquez que même si vous vous souciez de l'autre personne, vous n'êtes pas disposé à être contrôlé par la manipulation.

Il est également important de rechercher le soutien d'amis de confiance, de membres de la famille ou d'un thérapeute qui peuvent apporter un point de vue extérieur sur la situation. Souvent, les victimes de chantage émotionnel se sentent isolées et incertaines de leur propre jugement. Avoir quelqu'un à qui parler peut donc aider à clarifier ce qui se passe et à valider vos sentiments. Un thérapeute peut également vous aider à développer des stratégies pour maintenir vos limites et renforcer votre estime de soi, ce qui est crucial pour résister à la manipulation.

Si le chantage émotionnel persiste ou s'intensifie, il peut être nécessaire de prendre ses distances avec le manipulateur, voire de mettre fin à la relation. Cela peut être une décision difficile et douloureuse, surtout si la relation est de longue date ou implique des liens émotionnels profonds. Cependant, il est important de donner la priorité à votre propre santé mentale et émotionnelle. Continuer à rester dans une relation dans laquelle vous êtes manipulé émotionnellement peut avoir de graves effets à long terme sur votre estime de soi, votre santé mentale et votre bien-être général.

Le chantage émotionnel est une forme néfaste de manipulation qui utilise la culpabilité, la peur et l'obligation de contrôler une autre personne. Cela peut être subtil ou manifeste, mais son impact est toujours préjudiciable au sentiment de soi et à l'autonomie de la victime. Reconnaître les signes d'un chantage émotionnel et développer des stratégies pour y résister sont des étapes cruciales pour se protéger de ce type de manipulation. En fixant des limites solides, en recherchant du soutien et en donnant la priorité à vos propres besoins et valeurs, vous pouvez vous libérer du cycle du chantage émotionnel et reprendre le contrôle de votre vie.

Codépendance et manipulation

La codépendance et la manipulation vont souvent de pair, créant une dynamique complexe dans laquelle la dépendance émotionnelle excessive d'une personne à l'égard d'une autre la rend plus vulnérable au contrôle ou à la manipulation. La codépendance se caractérise par un attachement malsain à une autre personne, dans lequel le sentiment d'estime de soi et d'identité d'un individu devient profondément lié à l'approbation, aux besoins et aux émotions de cette personne. Cette dépendance excessive peut conduire à une volonté de tout faire pour maintenir la relation, même au détriment de son propre bien-être.

Les personnes codépendantes ont tendance à avoir un besoin impérieux d'être nécessaires. Ils tirent leur sens de la valeur du fait de prendre soin des autres, souvent au point de négliger leurs propres besoins. Ce comportement d'abnégation peut en faire des cibles privilégiées pour les manipulateurs, habiles à reconnaître et à exploiter ces vulnérabilités. Un manipulateur peut voir le besoin d'approbation de la personne codépendante et l'utiliser à son avantage, sachant que la personne codépendante est susceptible de faire de grands efforts pour éviter les conflits ou le rejet.

L'une des raisons pour lesquelles les individus codépendants sont plus susceptibles d'être manipulés est leur difficulté à fixer et à faire respecter des limites. Les limites sont essentielles dans toute relation saine, car elles définissent ce qui est un comportement acceptable et ce qui ne l'est pas. Cependant, dans une relation codépendante, les frontières deviennent souvent floues, voire inexistantes. La personne codépendante peut avoir du mal à dire non, même si elle n'est pas à l'aise face à une situation, parce qu'elle a peur de perdre la relation ou de décevoir l'autre personne. Cette absence de limites crée un environnement dans lequel un manipulateur peut facilement prendre le contrôle, poussant la personne codépendante à se conformer à ses demandes sans résistance.

La peur de l'abandon est un autre facteur important qui rend les individus codépendants plus vulnérables à la manipulation. Les codépendants ont souvent une peur intense d'être seuls ou rejetés, ce qui peut les amener à tolérer un comportement inacceptable dans une relation. Un manipulateur pourrait utiliser cette peur à son avantage en menaçant de quitter ou de retirer son affection si la personne codépendante ne se conforme pas à ses souhaits. Cette tactique peut être particulièrement efficace, car l'objectif premier du codépendant est souvent de maintenir la relation intacte à tout prix, même si cela implique de sacrifier ses propres besoins et son bien-être.

De plus, les individus codépendants souffrent souvent d'une faible estime de soi et d'un manque d'estime de soi. Ils peuvent croire qu'ils ne méritent ni amour ni respect s'ils ne donnent constamment aux autres. Cet état d'esprit peut les rendre plus disposés à supporter la manipulation, car ils peuvent ressentir le besoin de gagner l'amour ou l'approbation de l'autre. Un manipulateur pourrait exploiter cette insécurité en faisant sentir à la personne codépendante qu'elle a de la chance d'avoir la relation, ou qu'elle doit continuer à donner et à se sacrifier pour la maintenir.

Dans de nombreux cas, les codépendants peuvent également avoir des antécédents de relations où la manipulation était présente, soit dans leur famille d'origine, soit dans des relations amoureuses passées. Cette histoire peut créer un modèle de comportement dans lequel ils sont conditionnés à accepter la manipulation comme un élément normal des relations. Ils ne reconnaissent peut-être pas les signes de manipulation parce qu'ils sont tellement habitués à faire passer les besoins des autres avant les leurs. En conséquence, ils peuvent être plus susceptibles d'excuser ou d'ignorer un comportement manipulateur, estimant qu'il est de leur responsabilité de maintenir la relation, quoi qu'il arrive.

La dynamique d'une relation codépendante conduit souvent à un cycle de manipulation dans lequel la personne codépendante donne continuellement et le manipulateur prend continuellement. Plus la personne codépendante donne, plus le manipulateur exige, créant une situation dans laquelle la personne codépendante devient de plus en plus épuisée et contrôlée. Ce cycle peut être difficile à briser, car la personne codépendante peut ne pas trouver d'issue sans perdre la relation, qui est sa principale source d'identité et d'estime de soi.

Pour se libérer de ce cycle, il est crucial que les individus codépendants développent une plus grande estime de soi et apprennent à fixer des limites saines. Construire l'estime de soi et reconnaître sa propre valeur en dehors de la relation sont des étapes clés de ce processus. Il est important que les codépendants comprennent qu'ils méritent d'être dans une relation où leurs besoins sont satisfaits et où ils sont traités avec respect. Cette prise de conscience peut leur permettre de résister aux comportements manipulateurs et de refuser de se laisser contrôler par les demandes d'autrui.

La thérapie peut être un outil précieux pour les personnes aux prises avec une codépendance, car elle offre un espace sûr pour explorer ces problèmes et développer des relations plus saines avec les autres. Un thérapeute peut aider une personne codépendante à identifier les causes profondes de son comportement, telles que des expériences d'enfance ou des traumatismes passés, et à résoudre ces problèmes de manière constructive. La thérapie peut également fournir des stratégies pratiques pour fixer des limites, renforcer l'estime de soi et résister à la manipulation, qui sont des compétences essentielles pour se libérer d'une relation de codépendance.

En plus de la thérapie, les groupes de soutien pour codépendants peuvent offrir un sentiment de communauté et de compréhension, aidant ainsi les individus à réaliser qu'ils ne sont pas seuls dans leurs luttes. Partager des expériences avec d'autres personnes qui ont été confrontées à des défis similaires peut fournir des informations et des encouragements précieux, ainsi que des conseils pratiques pour faire face à la manipulation dans les relations. Ces groupes peuvent également aider les personnes codépendantes à voir la différence entre des relations saines et malsaines, renforçant ainsi l'importance des soins personnels et de l'autonomie.

La codépendance crée un terrain fertile pour la manipulation en favorisant une dynamique dans laquelle la dépendance émotionnelle excessive d'une personne à l'égard d'une autre la rend plus vulnérable au contrôle. La peur de l'abandon, la difficulté à fixer des limites et la faible estime de soi des codépendants contribuent toutes à leur susceptibilité à la manipulation. Se libérer de ce cycle nécessite un fort sentiment de soi, la capacité de fixer des limites saines et le soutien d'une thérapie ou de groupes de soutien. En abordant ces problèmes sous-jacents, les individus codépendants peuvent apprendre à se protéger de la manipulation et à construire des relations plus saines et plus équilibrées.

CHAPITRE 3

Identifier vos vulnérabilités

Estime de soi et manipulation

Une faible estime de soi est étroitement liée à la vulnérabilité à la manipulation dans les relations. Lorsque les individus ont une faible estime d'eux-mêmes, ils sont souvent confrontés à des sentiments d'incapacité, de doute et de manque d'estime de soi. Ces luttes internes peuvent les rendre plus susceptibles d'être manipulés par d'autres, en particulier par ceux qui reconnaissent et exploitent leurs insécurités. Comprendre ce lien est crucial pour quiconque souhaite se protéger de la manipulation et construire des relations plus saines et plus responsabilisantes.

Les personnes ayant une faible estime d'elles-mêmes recherchent souvent la validation et l'approbation des autres parce qu'elles ne croient pas en leur propre valeur intrinsèque. Ce besoin de validation externe peut en faire des cibles faciles pour les manipulateurs, qui peuvent leur offrir des éloges, de l'attention ou de l'affection comme moyen de les contrôler. Par exemple, un manipulateur peut combler une personne de compliments ou de gentillesse pour gagner sa confiance, puis utiliser cette confiance pour influencer ses décisions. L'individu ayant une faible estime de soi, avide de validation, peut accepter les souhaits du manipulateur, même si cela va à l'encontre de son propre intérêt.

Ce cycle de recherche d'approbation et de manipulation peut renforcer le sentiment de faible estime de soi. Chaque fois que l'individu compromet ses propres besoins ou valeurs pour plaire au manipulateur, il peut se sentir plus faible et plus dépendant de l'approbation du manipulateur. Au fil du temps, cela peut conduire à un sentiment d'impuissance, dans lequel l'individu se sent incapable de prendre des décisions ou d'agir sans l'apport ou les conseils du manipulateur. Cette dépendance peut rendre encore plus difficile la rupture avec la relation manipulatrice.

L'une des raisons pour lesquelles une faible estime de soi rend les individus plus vulnérables à la manipulation est qu'ils ont souvent du mal à fixer et à faire respecter des limites. Les limites sont essentielles pour maintenir le sentiment de soi et protéger son bien-être émotionnel et psychologique dans les relations. Cependant, les personnes ayant une faible estime d'elles-mêmes peuvent craindre que fixer des limites n'entraîne un rejet ou un conflit, et évitent donc d'affirmer leurs besoins ou de dire non. Cette peur de la confrontation peut être facilement exploitée par un manipulateur, qui peut pousser l'individu à faire des choses avec lesquelles il n'est pas à l'aise, sachant qu'il est peu probable qu'il résiste.

De plus, les personnes ayant une faible estime d'elles-mêmes intériorisent souvent les messages négatifs des autres, ce qui peut éroder davantage leur estime de soi. Un manipulateur peut critiquer ou rabaisser l'individu, subtilement ou ouvertement, pour le faire se sentir indigne ou inadéquat. Ces messages négatifs peuvent être intériorisés, conduisant l'individu à croire qu'il n'est pas assez bon ou qu'il ne mérite pas de respect. Cette autocritique peut créer une spirale descendante, dans laquelle l'individu devient plus dépendant du manipulateur pour sa validation, tout en se sentant de plus en plus impuissant et piégé.

Se protéger de la manipulation en cas de faible estime de soi nécessite une approche multidimensionnelle axée sur le renforcement de l'estime de soi, le développement de limites solides et la culture de la conscience de soi. L'une des premières étapes de ce processus consiste à reconnaître les schémas de pensée et les croyances négatives qui contribuent à une faible estime de soi. Cela pourrait impliquer d'examiner les origines de ces croyances, telles que les expériences de l'enfance, les relations passées ou les pressions sociétales, et de remettre en question leur validité. En remettant en question ces croyances négatives, les individus peuvent commencer à les remplacer par des perceptions de soi plus positives et plus responsabilisantes.

Construire l'estime de soi implique également d'apprendre à se valider, plutôt que de compter sur l'approbation des autres. Cela signifie reconnaître et apprécier ses propres forces, réalisations et qualités, que les autres les reconnaissent ou non. Pratiquer l'auto-compassion est un élément clé de ce processus, car cela implique de se traiter avec gentillesse et compréhension, en particulier dans les moments d'échec ou de doute de soi. En cultivant un dialogue intérieur positif et solidaire, les individus peuvent renforcer leur estime de soi et réduire leur dépendance à l'égard de la validation externe.

Développer des limites solides est un autre aspect crucial pour se protéger de la manipulation. Cela implique de définir clairement quels comportements sont acceptables et inacceptables dans les relations, et d'être prêt à faire respecter ces limites si nécessaire. Pour les personnes ayant une faible estime de soi, fixer des limites peut s'avérer difficile, car il peut être inconfortable ou risqué d'affirmer leurs besoins. Cependant, pratiquer l'établissement de limites par petites étapes gérables peut aider à renforcer la confiance en soi et à renforcer l'importance du respect de soi.

En plus de fixer des limites, il est important de reconnaître et de résister aux tactiques utilisées par les manipulateurs. Cela pourrait impliquer de devenir plus sensible aux comportements manipulateurs, tels que la culpabilité, le gaslighting ou le chantage émotionnel, et d'apprendre à identifier quand ces tactiques sont utilisées. Développer cette prise de conscience peut permettre aux individus de réagir avec plus d'assurance et de refuser de se laisser contrôler par ces tactiques manipulatrices. Cela peut également les aider à reconnaître quand une relation est malsaine et à prendre des mesures pour se protéger, qu'il s'agisse de rechercher du soutien, de s'éloigner du manipulateur ou de mettre fin complètement à la relation.

Rechercher le soutien d'amis de confiance, de membres de la famille ou d'un thérapeute peut également s'avérer inestimable pour les personnes ayant une faible estime de soi. Les relations de soutien peuvent offrir un espace sûr permettant aux individus d'exprimer leurs sentiments, de prendre du recul et de recevoir des encouragements. Un thérapeute, en particulier, peut aider les individus à explorer les problèmes sous-jacents qui contribuent à une faible estime de soi et à développer des stratégies pour renforcer leur estime de soi et leur résilience. La thérapie peut également offrir des outils pratiques pour gérer les relations et se protéger de la manipulation, tels que l'entraînement à l'affirmation de soi, les techniques cognitivo-comportementales et les pratiques de pleine conscience.

Le lien entre une faible estime de soi et la vulnérabilité à la manipulation trouve son origine dans le besoin de validation externe de l'individu, dans sa difficulté à fixer des limites et dans sa susceptibilité à intérioriser les messages négatifs. Pour se protéger de la manipulation, les personnes ayant une faible estime d'elles-mêmes doivent se concentrer sur le renforcement de leur estime de soi, sur l'établissement de limites solides et sur la conscience d'elles-mêmes. En reconnaissant et en remettant en question les schémas de pensée négatifs, en pratiquant l'auto-compassion et en recherchant du soutien, ils peuvent renforcer leur estime de soi et réduire leur vulnérabilité à la manipulation. En fin de compte, ce processus d'autonomisation peut conduire à des relations plus saines et plus équilibrées dans lesquelles leurs besoins et leurs limites sont respectés.

Traumatisme non résolu et son rôle

Les traumatismes non résolus du passé peuvent accroître considérablement la vulnérabilité d'un individu à la manipulation dans ses relations. Les traumatismes, qu'ils soient liés à des expériences de l'enfance, à des relations passées ou à d'autres événements de la vie, peuvent laisser de profondes cicatrices émotionnelles qui affectent la façon dont une personne se perçoit elle-même et les autres. Lorsque ces expériences traumatisantes ne sont pas entièrement traitées ou guéries, elles peuvent créer des modèles de comportement et de pensée qui rendent une personne plus susceptible d'être manipulée. Comprendre le lien entre les traumatismes non résolus et la manipulation est essentiel pour ceux qui cherchent à se protéger et à favoriser des relations plus saines.

Les traumatismes entraînent souvent des sentiments de peur, de honte, de culpabilité et d'impuissance. Ces émotions peuvent persister longtemps après l'événement traumatisant, influençant l'estime de soi, la confiance envers les autres et le sentiment général de sécurité d'une personne. Pour quelqu'un qui a vécu un traumatisme, en particulier dans une relation étroite, il peut être difficile de se sentir en sécurité dans les relations ultérieures. Les effets persistants du traumatisme peuvent amener les individus à remettre en question leur valeur et à craindre le rejet, l'abandon ou le conflit. Ces peurs peuvent les rendre plus susceptibles de tolérer des comportements malsains, notamment la manipulation, dans le but d'éviter de déclencher leur douleur émotionnelle non résolue.

Le traumatisme influence notamment la vulnérabilité à la manipulation par le développement de mécanismes d'adaptation inadaptés. Par exemple, une personne qui a été victime de violence ou de négligence dans le passé peut avoir appris à réprimer ses propres besoins et émotions afin d'éviter d'autres préjudices. Cela peut se manifester dans les relations actuelles par une tendance à donner la priorité aux besoins des autres plutôt qu'aux leurs, même si cela nuit à leur bien-être. Un manipulateur peut facilement exploiter cette tendance en utilisant la culpabilité, la pitié ou l'obligation de contrôler les actions et les décisions de la personne.

De plus, un traumatisme non résolu peut conduire à un état accru de réactivité émotionnelle. Les expériences traumatisantes peuvent laisser une personne constamment nerveuse, comme si elle se trouvait dans un état de menace perpétuelle. Cette hypervigilance peut rendre difficile la réflexion claire ou la reconnaissance du moment où ils sont manipulés. Les manipulateurs peuvent utiliser cette sensibilité émotionnelle à leur avantage, en provoquant délibérément la personne ou en jouant sur ses peurs pour manipuler son comportement. Par exemple, un manipulateur peut créer des situations qui déclenchent des réactions traumatisantes de la personne, telles que l'anxiété d'abandon ou la peur du conflit, afin d'exercer un contrôle sur elle.

Une autre façon dont un traumatisme non résolu contribue à la susceptibilité à la manipulation est la formation de croyances négatives en soi. Un traumatisme peut déformer l'image d'une personne, l'amenant à croire qu'elle est indigne d'amour, de respect ou de soins. Ces croyances peuvent les rendre plus susceptibles d'accepter les mauvais traitements ou la manipulation dans leurs relations, car ils estiment qu'ils ne méritent pas mieux. Un manipulateur peut renforcer ces croyances négatives en critiquant, en rabaissant ou en éclairant la personne, la faisant se sentir encore plus impuissante et dépendante de l'approbation du manipulateur.

Guérir d'un traumatisme passé est une étape cruciale pour réduire la vulnérabilité à la manipulation. Le processus de guérison implique de reconnaître le traumatisme, de comprendre son impact et de travailler sur les émotions et les croyances associées. L'une des premières étapes de ce processus consiste à reconnaître la manière dont le traumatisme a affecté le comportement et les relations actuels de la personne. Cela peut impliquer d'identifier des schémas de satisfaction, d'évitement ou de réactivité émotionnelle qui se sont développés à la suite du traumatisme. En prenant conscience de ces schémas, les individus peuvent commencer à les remettre en question et faire des choix conscients qui soutiennent leur bien-être.

La thérapie peut être un outil essentiel pour guérir d'un traumatisme. Un thérapeute qualifié peut fournir un environnement sûr et favorable aux individus pour qu'ils explorent leur traumatisme, traitent leurs émotions et développent des mécanismes d'adaptation plus sains. Différentes approches thérapeutiques, telles que la thérapie cognitivo-comportementale, la désensibilisation et le retraitement des mouvements oculaires ou la thérapie centrée sur les traumatismes, peuvent être efficaces pour aider les individus à guérir d'un traumatisme. Ces thérapies peuvent aider les individus à recadrer leurs croyances négatives, à gérer les déclencheurs émotionnels et à renforcer leur résilience face à de futures manipulations.

En plus de la thérapie, les pratiques de soins personnels peuvent jouer un rôle essentiel dans la guérison d'un traumatisme. Prendre soin de soi implique de prendre des mesures pour préserver sa santé physique, émotionnelle et mentale. Cela peut inclure la pratique régulière d'exercices physiques, la pratique de la pleine conscience ou de la méditation, le maintien d'une alimentation équilibrée et un repos adéquat. Prendre soin de soi implique également de fixer des limites et de donner la priorité à ses propres besoins et à son bien-être dans les relations. Pour une personne souffrant d'un traumatisme non résolu, apprendre à dire non, à demander ce dont elle a besoin et à protéger son espace émotionnel peut être une étape stimulante vers la guérison et l'autonomisation.

Construire un réseau de soutien solide est un autre aspect important de la guérison d'un traumatisme.

S'entourer d'amis, de membres de la famille ou de groupes communautaires qui vous soutiennent peut procurer un sentiment de sécurité et de connexion. Les relations de soutien peuvent offrir une validation, un encouragement et une compréhension, qui sont cruciaux pour reconstruire l'estime de soi et la confiance envers les autres. En revanche, s'isoler ou rester dans des relations toxiques peut renforcer le sentiment d'impuissance et rendre plus difficile la guérison d'un traumatisme.

Pratiquer l'auto-compassion est également essentiel dans le processus de guérison. Les survivants d'un traumatisme ressentent souvent des sentiments de culpabilité, de honte ou d'auto-accusation, croyant qu'ils sont en quelque sorte responsables du traumatisme qu'ils ont vécu. L'auto-compassion implique de se traiter avec gentillesse et compréhension, de reconnaître que le traumatisme n'est pas de leur faute et qu'ils méritent guérison et bonheur. En pratiquant l'auto-compassion, les individus peuvent commencer à abandonner leurs croyances négatives et à adopter une image de soi plus positive et plus responsabilisante.

Il est important de reconnaître que la guérison d'un traumatisme est un voyage et non une destination. Il faut du temps, de la patience et de la persévérance pour surmonter les profondes blessures émotionnelles que le traumatisme peut laisser derrière lui. Il peut y avoir des revers ou des moments de doute en cours de route, mais chaque pas en avant est un pas vers une plus grande conscience de soi, une plus grande estime de soi et une plus grande résilience. À mesure que les individus guérissent d'un traumatisme, ils peuvent développer une estime de soi plus forte et devenir mieux équipés pour se protéger contre la manipulation dans leurs relations futures.

Les traumatismes non résolus du passé peuvent rendre les individus plus susceptibles à la manipulation en affectant leur estime de soi, leur réactivité émotionnelle et leurs mécanismes d'adaptation. Cependant, en reconnaissant et en guérissant ce traumatisme, les individus peuvent renforcer leur résilience, développer des relations plus saines et se protéger de la manipulation. La thérapie, les soins personnels, les réseaux de soutien et l'auto-compassion sont tous des outils importants dans le processus de guérison. Grâce à ce parcours de guérison, les individus peuvent retrouver leur estime de soi et créer des relations basées sur le respect mutuel, la confiance et l'attention.

Fixer des limites

Fixer des limites dans les relations est crucial pour se protéger de la manipulation et maintenir un sentiment de respect de soi et d'autonomie. Les limites sont les limites que nous fixons dans nos interactions avec les autres pour garantir que nos valeurs, nos besoins et nos sentiments sont respectés. Ils sont essentiels à des relations saines, car ils aident à définir ce qu'est un comportement acceptable et inacceptable, permettant aux deux partenaires de comprendre les attentes de chacun et de maintenir un sentiment de respect mutuel. Sans limites claires, les relations peuvent devenir déséquilibrées, une personne exerçant un contrôle sur l'autre, conduisant à des manipulations et à des préjudices émotionnels.

L'importance de fixer des limites ne peut être surestimée. Les limites servent de barrière protectrice contre la manipulation en définissant clairement quels comportements sont acceptables et lesquels ne seront pas tolérés. Lorsque les limites sont bien définies et communiquées, elles contribuent à empêcher les autres de profiter de nos vulnérabilités. Les manipulateurs recherchent souvent des individus dont les limites sont faibles ou mal appliquées, car cela leur permet d'exercer plus facilement un contrôle. En établissant des limites solides, les individus peuvent se protéger contre la contrainte, la culpabilité ou le chantage émotionnel en vue d'actions ou de décisions qui ne sont pas dans leur meilleur intérêt.

Les limites jouent également un rôle essentiel dans le maintien d'une saine estime de soi. Lorsque les limites sont respectées, les individus se sentent valorisés, respectés et compris dans leurs relations. Cela contribue à une image de soi positive et à un bien-être émotionnel. D'un autre côté, lorsque les limites sont violées, cela peut entraîner des sentiments de frustration, de ressentiment et une perte d'estime de soi. Au fil du temps, les violations répétées des limites peuvent éroder la confiance et l'estime de soi d'une personne, la rendant plus susceptible d'être manipulée davantage. Par conséquent, fixer et maintenir des limites est essentiel pour préserver le respect de soi et la santé émotionnelle.

Les limites efficaces sont spécifiques, claires et cohérentes. Ils sont communiqués de manière directe et affirmée, ne laissant aucune place à des malentendus ou à des ambiguïtés. Par exemple, une limite efficace dans une relation pourrait impliquer de fixer des limites au temps et à l'énergie que l'on est prêt à investir dans certaines activités ou interactions. Si un partenaire exige fréquemment de l'attention ou du temps qui interfère avec d'autres aspects importants de la vie, tels que le travail, les loisirs ou les soins personnels, il est important de communiquer clairement cette limite. Un exemple de définition de cette limite pourrait être : « J'apprécie le temps que nous passons ensemble, mais j'ai aussi besoin de temps pour moi et mes responsabilités. Je peux passer du temps avec vous le week-end, mais pendant la semaine, je dois me concentrer sur mon travail et intérêts personnels. »

Un autre exemple de frontière efficace est lié à la communication et à l'expression émotionnelle. Dans une relation saine, les deux partenaires doivent se sentir libres d'exprimer leurs pensées et leurs émotions sans crainte de jugement ou de représailles. Cependant, si l'un des partenaires rejette ou invalide fréquemment les sentiments de l'autre, il peut être nécessaire de fixer une limite quant à la manière dont les émotions sont communiquées. Un exemple de cette limite pourrait être : « Je comprends que nous ne sommes pas toujours d'accord, mais il est important pour moi que mes sentiments soient reconnus et respectés. J'ai besoin que nous ayons des conversations dans lesquelles nous nous écoutons sans nous interrompre ou ignorer les sentiments de chacun. ".

Des limites peuvent également être fixées autour de l'espace physique et émotionnel. Par exemple, si un partenaire envahit fréquemment votre espace personnel ou exige une attention constante, il est important d'établir une limite pour protéger votre sentiment d'autonomie. Un exemple de cette limite pourrait être : « J'apprécie que vous vous souciiez de passer du temps ensemble, mais j'ai aussi besoin de temps seul pour me ressourcer. J'ai besoin que vous respectiez mon espace personnel et que vous m'accordiez du temps chaque jour pour être seul.

En plus de fixer des limites, il est tout aussi important de les faire respecter de manière cohérente. Les manipulateurs testent souvent les limites pour voir si elles peuvent être repoussées ou ignorées. Si une limite n'est pas appliquée, elle envoie un message indiquant que le comportement est acceptable, ce qui peut conduire à d'autres manipulations. Il est donc essentiel d'assumer les conséquences en cas de violation d'une frontière. Par exemple, si un partenaire ne respecte pas de manière répétée une limite autour de son espace personnel, la conséquence pourrait être une pause temporaire dans la relation pour rétablir la frontière. Faire respecter les limites nécessite de l'assurance et de la confiance, mais c'est une étape nécessaire pour se protéger de la manipulation.

Il est important de reconnaître que fixer des limites ne signifie pas être rigide ou contrôler ; il s'agit plutôt de créer un équilibre sain entre ses propres besoins et les besoins de la relation. Les limites doivent être suffisamment flexibles pour permettre la croissance et le changement dans la relation, mais suffisamment fermes pour protéger le bien-être de chacun. Une communication efficace est essentielle pour atteindre cet équilibre. Lorsque vous fixez des limites, il est important de les exprimer d'une manière respectueuse et attentive aux sentiments de l'autre personne. Par exemple, au lieu de dire : « Tu ignores toujours mes sentiments et je ne peux pas le supporter », une approche plus efficace pourrait être : « Je me sens blessé lorsque mes sentiments ne sont pas reconnus. J'ai besoin que nous travaillions à être plus solidaires. des émotions de chacun.

Dans les relations, les limites doivent être mutuellement convenues et respectées par les deux partenaires. Il est non seulement important de fixer des limites personnelles, mais aussi de comprendre et de respecter les limites fixées par l'autre personne. Ce respect mutuel favorise la confiance, la compréhension et la coopération dans la relation. Lorsque les deux partenaires sont conscients des limites de chacun et s'efforcent de les respecter, cela crée un environnement sûr et favorable dans lequel les deux individus peuvent s'épanouir.

Il convient également de noter que l'établissement de limites est un processus continu. À mesure que les relations évoluent, les besoins et les attentes des personnes impliquées évoluent également. Il est donc important de réévaluer et d'ajuster régulièrement les limites si nécessaire. Une communication ouverte et honnête est essentielle pour ce processus. Si une limite doit être modifiée ou mise à jour, il est important d'avoir une conversation avec le partenaire pour discuter des raisons du changement et parvenir à un accord mutuel.

Fixer et maintenir des limites dans les relations est essentiel pour se protéger contre la manipulation et préserver le sentiment de respect de soi et d'autonomie. Les limites définissent les comportements acceptables et aident à empêcher les autres de profiter de nos vulnérabilités. Les limites efficaces sont spécifiques, claires et systématiquement appliquées, et elles doivent être communiquées de manière respectueuse et affirmée. En fixant des limites fortes, les individus peuvent créer des relations plus saines et plus équilibrées dans lesquelles les deux partenaires se sentent valorisés et respectés.

CHAPITRE 4

Comprendre le manuel du manipulateur

Tactiques de contrôle

Les manipulateurs emploient souvent toute une gamme de tactiques pour contrôler leurs partenaires, exerçant leur influence de manière subtile et manifeste. Ces tactiques visent à miner l'autonomie de l'autre personne, à créer une dépendance et à maintenir le pouvoir du manipulateur au sein de la relation. Comprendre ces tactiques est essentiel pour reconnaître le moment où une manipulation a lieu et pour élaborer des stratégies pour la contrer.

L'isolement est l'une des tactiques de contrôle les plus courantes. Les manipulateurs s'efforcent souvent de couper leurs partenaires de leurs amis, de leur famille et d'autres systèmes de soutien. Cet isolement peut être obtenu par divers moyens, comme décourager les interactions sociales, créer des conflits entre le partenaire et ses proches ou monopoliser son temps pour l'empêcher d'entretenir des relations extérieures. Le but de l'isolement est de rendre le partenaire plus dépendant du manipulateur pour ses besoins émotionnels et sociaux, augmentant ainsi le contrôle du manipulateur sur lui. Par exemple, un manipulateur pourrait dire : « Vos amis ne se soucient pas vraiment de vous comme moi » ou « Pourquoi as-tu besoin de passer du temps avec eux quand tu m'as ? Ces déclarations visent à culpabiliser le partenaire de vouloir entretenir d'autres relations, l'amenant à se retirer de son cercle social.

La culpabilité est une autre tactique puissante utilisée par les manipulateurs pour contrôler leurs partenaires. En induisant des sentiments de culpabilité, le manipulateur peut influencer le comportement de son partenaire pour qu'il s'aligne sur ses propres désirs. La culpabilité implique souvent de faire en sorte que le partenaire se sente responsable des émotions ou du bien-être du manipulateur. Par exemple, un manipulateur pourrait dire : « Si tu m'aimais, tu ferais ça pour moi » ou « Je ne peux pas croire que tu me ferais du mal comme ça après tout ce que j'ai fait pour toi ». Ces déclarations visent à culpabiliser le partenaire de ne pas se conformer aux demandes du manipulateur, même si ces demandes sont déraisonnables ou nuisibles. Au fil du temps, cette tactique peut amener le partenaire à donner la priorité aux besoins et aux désirs du manipulateur plutôt qu'aux siens, érodant ainsi son estime de soi et son autonomie.

L'intimidation est une tactique de contrôle plus ouverte qui consiste à utiliser la peur pour dominer le partenaire. Cette peur peut être physique, émotionnelle ou psychologique. L'intimidation physique peut impliquer des menaces de violence ou un comportement agressif, comme crier, lancer des objets ou faire des gestes menaçants. L'intimidation émotionnelle et psychologique, en revanche, peut être plus subtile mais tout aussi dommageable. Cela peut inclure des menaces d'automutilation, de retrait d'affection ou le fait que le partenaire se sente sans valeur et incapable. Par exemple, un manipulateur pourrait dire : « Si tu me quittes, je me ferai du mal » ou « Personne d'autre ne voudra jamais de toi ». Ces tactiques sont conçues pour que le partenaire se sente piégé dans la relation, effrayé de la quitter ou d'affirmer ses propres besoins.

Une autre tactique utilisée par les manipulateurs est le gaslighting, qui consiste à déformer la réalité pour faire douter le partenaire de ses propres perceptions et de sa raison. Le manipulateur peut nier ce qu'il a dit ou fait, déformer la vérité ou accuser le partenaire d'être trop sensible ou irrationnel. Par exemple, si le partenaire confronte le manipulateur au sujet d'un comportement blessant, le manipulateur pourrait répondre par : « Vous imaginez des choses » ou « Vous êtes simplement paranoïaque ». Au fil du temps, le gaslighting peut amener le partenaire à remettre en question sa propre mémoire, son jugement et sa réalité, le rendant plus dépendant de la version des événements du manipulateur.

Le love-bombing est une tactique dans laquelle le manipulateur submerge son partenaire d'affection, d'attention et de flatterie excessives dès les premiers stades de la relation. Cela crée un lien émotionnel intense et permet au partenaire de se sentir spécial et valorisé. Cependant, une fois que le partenaire est émotionnellement investi, le manipulateur peut retirer cette affection et commencer à exercer un contrôle. Ce changement soudain peut laisser le partenaire confus et désespéré de regagner l'approbation du manipulateur, le rendant ainsi plus vulnérable à la manipulation. Par exemple, un manipulateur peut combler son partenaire de cadeaux, de compliments et d'une attention constante, pour ensuite devenir distant et critique une fois qu'il se sent en sécurité dans la relation.

Les manipulateurs utilisent également la triangulation comme tactique de contrôle, impliquant des tiers pour créer de la jalousie, de la compétition ou de l'insécurité chez le partenaire. Cela peut être fait en flirtant avec les autres, en comparant le partenaire à quelqu'un d'autre ou en évoquant des relations passées. Le but est de faire en sorte que le partenaire se sente en insécurité et plus dépendant du manipulateur pour la validation. Par exemple, un manipulateur pourrait dire : « Mon ex faisait ça pour moi, pourquoi pas toi ? ou "Untel est vraiment attirant ; peut-être que j'ai fait le mauvais choix." Ces déclarations visent à donner au partenaire le sentiment d'être inadéquat et désespéré de prouver sa valeur.

Le contrôle financier est une autre tactique couramment utilisée par les manipulateurs pour exercer un pouvoir sur leurs partenaires. Cela peut impliquer de contrôler l'accès à l'argent, de dicter la manière dont le partenaire dépense ses finances ou de créer délibérément une dépendance financière. Par exemple, un manipulateur peut insister pour gérer toutes les finances, donner une allocation au partenaire ou l'empêcher de travailler. Ce contrôle financier peut rendre difficile pour le partenaire de quitter la relation, car il peut avoir le sentiment de n'avoir aucun moyen de subvenir à ses besoins de manière indépendante.

Le traitement silencieux est une tactique passive-agressive dans laquelle le manipulateur refuse toute communication ou affection afin de punir ou de contrôler son partenaire. En refusant de parler ou de s'engager, le manipulateur crée un sentiment d'incertitude et d'anxiété chez le partenaire, qui peut se sentir obligé de s'excuser ou de céder aux exigences du manipulateur afin de rétablir l'harmonie. Le traitement silencieux peut être particulièrement efficace car il exploite la peur d'abandon ou de rejet du partenaire, le rendant plus susceptible de se conformer aux souhaits du manipulateur.

La manipulation émotionnelle consiste souvent à jouer le rôle de la victime pour susciter la sympathie et la culpabilité du partenaire. Le manipulateur peut exagérer sa propre souffrance, blâmer les autres pour ses problèmes ou se présenter comme impuissant et ayant besoin d'être secouru. Ce faisant, ils détournent l'attention de leur propre comportement et placent le fardeau de la responsabilité sur le partenaire. Par exemple, un manipulateur pourrait dire : « J'ai eu une vie tellement difficile, tu devrais comprendre pourquoi j'agis de cette façon » ou « Je ne peux pas m'en sortir sans toi ». Cette tactique vise à obliger le partenaire à soutenir et à prendre soin du manipulateur, même au détriment de son propre bien-être.

Les tactiques de contrôle utilisées par les manipulateurs dans les relations sont variées et peuvent être à la fois subtiles et manifestes. Ces tactiques, telles que l'isolement, la culpabilisation, l'intimidation, le gaslighting, le love bombing, la triangulation, le contrôle financier, le traitement silencieux et la manipulation émotionnelle, sont toutes conçues pour saper l'autonomie du partenaire, créer une dépendance et maintenir le pouvoir du manipulateur. Reconnaître ces tactiques est la première étape pour se protéger de la manipulation et reprendre le contrôle de sa vie. Comprendre le fonctionnement de ces tactiques et leur impact sur la victime peut permettre aux individus de fixer des limites, de rechercher de l'aide et, finalement, de se libérer du cycle de manipulation.

Déformer le récit

Les manipulateurs utilisent souvent la tactique consistant à déformer le récit pour prendre le contrôle d'une relation. Cela implique de modifier la vérité en utilisant des mensonges, des demi-vérités ou des omissions sélectives pour façonner l'histoire en leur faveur. En contrôlant le récit, ils peuvent rejeter la faute, éviter de rendre des comptes et créer de la confusion, laissant leur partenaire incertain quant à ce qui est réel et ce qui ne l'est pas.

L'une des façons les plus courantes utilisées par les manipulateurs pour déformer le récit est le mensonge pur et simple. Ces mensonges peuvent aller de petites fabrications apparemment insignifiantes à de grandes tromperies qui changent la vie. Le but de ces mensonges est de déformer la réalité de la situation, rendant difficile pour le partenaire de discerner la vérité. Par exemple, un manipulateur peut mentir sur l'endroit où il se trouvait ou avec qui il se trouvait pour éviter une confrontation ou pour dissimuler un comportement dont il sait qu'il serait inacceptable pour son partenaire. Au fil du temps, ces mensonges s'accumulent, créant une fausse version des événements à laquelle le partenaire peut commencer à croire, surtout s'il est constamment rassuré par le manipulateur.

Les demi-vérités sont une autre méthode utilisée par les manipulateurs pour déformer le récit. Une demi-vérité est une affirmation partiellement vraie mais trompeuse car elle omet des détails importants ou présente la vérité d'une manière qui en fausse le sens. En présentant seulement une partie de la vérité, le manipulateur peut créer un récit qui soutient son programme tout en cachant toute la réalité de la situation. Par exemple, un manipulateur pourrait admettre avoir parlé à un ex-partenaire mais laisser de côté le fait que la conversation était coquette ou inappropriée. Ce faisant, ils peuvent revendiquer leur honnêteté tout en gardant leur partenaire dans l'ignorance de la véritable nature de leurs actions.

L'omission sélective, lorsqu'un manipulateur laisse délibérément de côté des informations critiques, est une autre façon de déformer le récit. Cette tactique permet au manipulateur de contrôler ce que son partenaire sait, façonnant ainsi sa perception des événements. En omettant certains faits, le manipulateur peut éviter des conversations difficiles, détourner les reproches ou créer une version de la réalité qui lui est plus favorable. Par exemple, si un partenaire pose des questions sur un problème au travail, le manipulateur peut choisir d'omettre les détails qui révéleraient ses propres erreurs, se présentant plutôt comme une victime des circonstances. Ce partage sélectif d'informations crée un récit biaisé qui manipule la compréhension de la situation par le partenaire.

Les manipulateurs déforment également le récit en recadrant les événements pour se faire apparaître sous un jour plus positif tout en attribuant à leur partenaire un rôle négatif. Ce recadrage implique souvent de rejeter la faute sur le partenaire, le faisant se sentir responsable des problèmes dans la relation. Par exemple, si un manipulateur est confronté à un comportement blessant, il peut renverser la situation en accusant son partenaire d'être trop sensible ou de réagir de manière excessive. Ce faisant, le manipulateur détourne l'attention de ses propres actions et fait peser le fardeau de la culpabilité sur son partenaire. Cette tactique non seulement rejette la faute, mais érode également la confiance du partenaire dans ses propres perceptions et sentiments.

En plus de recadrer les événements, les manipulateurs peuvent utiliser le gaslighting pour déformer davantage le récit. Le gaslighting consiste à nier ou à déformer la réalité pour amener le partenaire à remettre en question sa propre mémoire, son jugement et sa raison. Un manipulateur peut insister sur le fait que quelque chose ne s'est jamais produit, même si cela s'est clairement produit, ou prétendre que le partenaire se souvient mal des événements. Au fil du temps, cela peut amener le partenaire à douter de sa propre capacité à se souvenir de la vérité, le rendant ainsi plus dépendant de la version des événements du manipulateur. Par exemple, un manipulateur pourrait dire : « Je n'ai jamais dit ça ; vous imaginez des choses » ou « Vous êtes juste paranoïaque ; ce n'est pas comme ça que ça s'est produit ». Ces déclarations sont conçues pour semer la confusion chez le partenaire et le faire douter de ses propres expériences.

Les manipulateurs déforment également le récit en jouant le rôle de la victime. En se présentant comme la partie lésée, ils peuvent susciter la sympathie de leur partenaire tout en détournant la responsabilité de leurs propres actes. Cette tactique est particulièrement efficace car elle détourne l'attention du comportement du manipulateur et se concentre sur les actes répréhensibles supposés du partenaire. Par exemple, un manipulateur pourrait dire : « Je ne peux pas croire que tu m'accuses de ça après tout ce que j'ai fait pour toi » ou « Tu me fais du mal en ne me faisant pas confiance ». En se présentant comme la victime, le manipulateur peut culpabiliser son partenaire de l'avoir interrogé, même lorsque ces questions sont justifiées.

Les manipulateurs déforment également le récit en exploitant les insécurités de leur partenaire. Ils peuvent exagérer ou fabriquer des défauts chez leur partenaire pour créer le doute et la dépendance. Par exemple, un manipulateur peut répéter à plusieurs reprises à son partenaire qu'il n'est pas attrayant, inintelligent ou peu aimable, même si ces choses sont fausses. Ce faisant, le manipulateur mine l'estime de soi de son partenaire, le rendant plus susceptible de croire au récit déformé qu'il crée. Cette tactique non seulement détourne le blâme du manipulateur, mais fait également en sorte que le partenaire se sente indigne, moins susceptible de contester le comportement du manipulateur et plus dépendant du manipulateur pour la validation.

Dans certains cas, les manipulateurs utiliseront la triangulation pour déformer davantage le récit. La triangulation consiste à faire appel à un tiers, comme un ami, un membre de la famille ou même un étranger, pour renforcer la version des événements du manipulateur. En impliquant les autres, le manipulateur peut créer l'illusion d'un consensus, ce qui fait que son partenaire se sent isolé et plus susceptible de douter de son propre point de vue. Par exemple, un manipulateur pourrait dire : « Même un tel est d'accord avec moi pour dire que vous êtes déraisonnable » ou « Tout le monde pense que j'ai raison ». Cette tactique ajoute une couche supplémentaire de pression sur le partenaire pour qu'il accepte le récit manipulé.

Les manipulateurs peuvent déformer le récit en projetant leurs propres défauts sur leur partenaire. La projection consiste à accuser le partenaire des comportements ou attitudes mêmes dont le manipulateur lui-même est coupable. Cela détourne non seulement le blâme, mais crée également de la confusion et une attitude défensive chez le partenaire, qui peut se sentir obligé de prouver son innocence. Par exemple, si un manipulateur est infidèle, il pourrait accuser son partenaire d'être indigne de confiance ou de trop flirter. En projetant ses propres actions sur son partenaire, le manipulateur détourne l'attention de ses propres actes répréhensibles et place le partenaire sur la défensive.

Déformer le récit est une tactique puissante dans le manuel du manipulateur. À travers des mensonges, des demi-vérités, des omissions, du recadrage, du gaslighting, du jeu de victime, de l'exploitation des insécurités, de la triangulation et de la projection, les manipulateurs peuvent créer une version déformée de la réalité qui sert leurs intérêts tout en sapant le sentiment de vérité et d'estime de soi de leur partenaire. Comprendre ces tactiques est crucial pour toute personne en relation avec un manipulateur, car cela lui permet de reconnaître quand le récit est manipulé et de prendre des mesures pour récupérer sa propre perspective et sa propre vérité.

Le cycle de la maltraitance

Le cycle de violence dans les relations manipulatrices est un schéma répétitif qui perpétue la dynamique de pouvoir et de contrôle entre l'agresseur et la victime. Comprendre ce cycle est essentiel pour comprendre pourquoi les individus se retrouvent souvent piégés dans des relations abusives malgré le préjudice qu'ils subissent. Le cycle se compose de quatre phases : montée de la tension, incident, réconciliation et calme. Chaque phase remplit une fonction particulière en maintenant la relation abusive et en rendant difficile la libération de la victime.

La première phase, celle de la création de tensions, se caractérise par une tension et un stress croissants au sein de la relation. Au cours de cette étape, l'agresseur peut devenir irritable, maussade ou imprévisible, créant une atmosphère d'anxiété et de malaise. La victime a souvent l'impression de marcher sur des œufs, essayant d'éviter de déclencher la colère ou la frustration de l'agresseur. La tension peut se manifester par un comportement passif-agressif, tel que le sarcasme, un traitement silencieux ou des dénigrements subtils, ou elle peut être plus manifeste, comme critiquer, blâmer ou menacer la victime. Le comportement de l'agresseur est généralement conçu pour provoquer la peur et l'incertitude, maintenant la victime dans un état de vigilance accrue et de détresse émotionnelle.

La phase de montée des tensions est cruciale dans le cycle car elle prépare le terrain pour la phase suivante : l'incident. La phase incidente est celle où l'abus devient explicite et manifeste. Cela peut prendre de nombreuses formes, notamment des violences verbales, émotionnelles, physiques ou sexuelles. Au cours de cette phase, l'agresseur libère sa colère, sa frustration ou son besoin de contrôle sur la victime, souvent de manière soudaine et explosive. L'incident peut impliquer des cris, des injures, des coups ou d'autres formes de violence. Dans certains cas, les abus peuvent être plus subtils, comme la manipulation, le gaslighting ou le chantage émotionnel. Quelle que soit la forme qu'elle prend, la violence sert à renforcer le pouvoir de l'agresseur sur la victime et à approfondir le sentiment d'impuissance et de peur de la victime.

Après l'incident, la relation entre généralement dans la phase de réconciliation, également connue sous le nom de phase de lune de miel. Au cours de cette étape, l'agresseur peut s'excuser, exprimer des remords et promettre de changer de comportement. Ils peuvent combler la victime d'affection, de cadeaux ou d'attention, créant ainsi un sentiment temporaire de soulagement et d'espoir pour l'avenir. Le comportement de l'agresseur au cours de cette phase peut être très manipulateur, car il utilise souvent son charme et ses capacités de persuasion pour convaincre la victime que l'abus était un événement ponctuel ou que c'était d'une manière ou d'une autre la faute de la victime. La victime, qui souhaite désespérément que la relation revienne à la normale, peut accepter les excuses de l'agresseur et croire que la situation va s'améliorer.

La phase de réconciliation est particulièrement insidieuse car elle crée un sentiment de dépendance affective chez la victime. Le contraste entre le comportement affectueux de l'agresseur pendant cette phase et son comportement abusif pendant la phase incidente peut être déroutant et désorientant pour la victime. La victime peut s'accrocher à l'espoir que les promesses de changement de l'agresseur sont authentiques et que la relation pourra revenir à un état plus heureux et plus stable. Cet espoir est souvent renforcé par le charme et les tactiques de manipulation de l'agresseur, qui peuvent empêcher la victime de reconnaître la nature cyclique de l'abus.

La phase finale du cycle est la phase calme, parfois appelée période de « lune de miel » ou « d'accalmie ». Durant cette étape, la relation semble revenir à la normale. L'agresseur peut adopter un comportement optimal, se comporter de manière gentille, attentive et attentionnée. La victime peut ressentir un sentiment de soulagement et commencer à croire que le pire est passé. Cette période de calme peut durer des durées variables, de quelques jours à quelques mois, selon la dynamique de la relation. Cependant, cette phase est trompeuse car elle n'est que temporaire. Les problèmes sous-jacents de pouvoir et de contrôle qui alimentent le cycle des abus n'ont pas été résolus, et le cycle est susceptible de se répéter.

La phase de calme sert de piège à la victime, la berçant dans un faux sentiment de sécurité. Le comportement apparemment positif de l'agresseur pendant cette période renforce l'espoir de la victime que la relation puisse s'améliorer, ce qui rend plus difficile pour la victime de quitter la relation. La victime peut également se sentir coupable d'envisager de mettre fin à la relation, surtout si l'agresseur se comporte bien pendant cette phase. Cette culpabilité, combinée à la manipulation émotionnelle et psychologique qui s'est produite tout au long du cycle, peut créer un puissant obstacle à la capacité de la victime à reconnaître le besoin de changement et à prendre des mesures pour se protéger.

La répétition du cycle de violence est motivée par le besoin de contrôle de l'agresseur et par la dynamique du pouvoir au sein de la relation. Chaque phase du cycle sert à renforcer la domination de l'agresseur et la soumission de la victime. La phase de montée de tension maintient la victime en haleine, la phase d'incident affirme le pouvoir de l'agresseur, la phase de réconciliation ramène la victime et la phase de calme crée une illusion temporaire de stabilité. Ce schéma cyclique peut devenir profondément ancré dans la relation, rendant difficile la libération de la victime.

De plus, le cycle des abus est souvent renforcé par des facteurs externes, tels que les normes sociétales, la dépendance financière et l'isolement. Les victimes de violence peuvent se sentir piégées par leur situation, craignant les conséquences de la rupture de la relation, comme la perte du soutien financier, de la garde des enfants ou du statut social. Les agresseurs exploitent souvent ces vulnérabilités, les utilisant comme outils de contrôle supplémentaires. Le cycle de la maltraitance peut également être perpétué par l'état psychologique de la victime, notamment le sentiment de faible estime de soi, la peur de l'inconnu et le traumatisme émotionnel causé par la maltraitance elle-même.

Comprendre le cycle de la maltraitance est essentiel tant pour les victimes que pour ceux qui les soutiennent. Reconnaître cette tendance peut aider les victimes à identifier les signes d'abus et à prendre des mesures pour se protéger. Il est également important que les amis, les membres de la famille et les professionnels soient conscients du cycle afin de pouvoir offrir un soutien et des interventions appropriés. Briser le cycle de la maltraitance nécessite une combinaison de sensibilisation, de soutien et d'action. Les victimes doivent reconnaître les types de violence, demander de l'aide et prendre des mesures pour se créer un environnement sûr et sain.

Le cycle de la maltraitance est un schéma destructeur et répétitif qui enferme les victimes dans un cycle de peur, d'espoir et de désespoir. Chaque phase du cycle sert à renforcer le contrôle de l'agresseur sur la victime, ce qui rend difficile pour la victime de se libérer. Comprendre la dynamique de ce cycle est essentiel pour quiconque cherche à échapper à une relation abusive ou à soutenir une personne victime de violence. En reconnaissant les signes du cycle et en prenant des mesures proactives, les victimes peuvent entamer le voyage vers la guérison et la liberté.

CHAPITRE 5

Se libérer de la manipulation

Développer la conscience de soi

Développer la conscience de soi est un outil puissant pour reconnaître et se libérer de la manipulation dans les relations. La conscience de soi implique une compréhension claire et honnête de vos propres pensées, sentiments et comportements, ainsi que de la manière dont ils interagissent avec les autres. Lorsque les individus sont conscients d'eux-mêmes, ils peuvent mieux identifier lorsqu'ils sont manipulés, fixer des limites appropriées et prendre des décisions plus saines pour leur bien-être. Le processus de développement de la conscience de soi nécessite une pleine conscience, une introspection et un engagement envers la croissance personnelle.

La pleine conscience est un élément clé de la conscience de soi. Cela implique de prêter attention à vos pensées et sentiments actuels sans jugement, vous permettant ainsi d'observer vos expériences au fur et à mesure qu'elles se déroulent. Dans le contexte des relations, la pleine conscience peut vous aider à remarquer des changements subtils dans vos émotions, vos sensations physiques et vos réactions lorsque vous interagissez avec les autres. Par exemple, si vous ressentez un sentiment d'inconfort, d'anxiété ou de confusion après une conversation avec un partenaire, la pleine conscience vous permet de reconnaître ces sentiments comme des indicateurs potentiels de manipulation. En étant pleinement présent dans vos interactions, vous pouvez devenir plus à l'écoute de ce que certains comportements ou mots vous font ressentir, ce qui constitue la première étape pour identifier la manipulation.

L'autoréflexion est un autre aspect crucial du développement de la conscience de soi. Cela implique de prendre le temps de réfléchir profondément à vos expériences, émotions et réponses. Il s'agit de vous poser des questions importantes : qu'est-ce que cette conversation m'a fait ressentir ? Pourquoi ai-je réagi comme je l'ai fait ? Y a-t-il une tendance dans la façon dont je suis traité dans cette relation ? Grâce à l'introspection, vous pouvez découvrir des informations sur vos propres vulnérabilités et sur la manière dont elles peuvent être exploitées par un manipulateur. Par exemple, si vous vous sentez souvent coupable ou obligé après des interactions avec votre partenaire, réfléchir à ces sentiments peut vous aider à comprendre si un chantage émotionnel est en jeu. Une auto-réflexion régulière vous aide à avoir une vue d'ensemble de la dynamique de votre relation et à reconnaître quand quelque chose ne va pas.

La tenue d'un journal est une stratégie efficace pour développer la conscience de soi. Tenir un journal vous permet de documenter quotidiennement vos pensées, vos sentiments et vos expériences. Au fil du temps, des schémas peuvent émerger qui révèlent à quel point la manipulation vous affecte. Tenir un journal peut être particulièrement utile dans les relations où la manipulation est subtile et difficile à détecter. En écrivant des incidents spécifiques, ce que vous avez ressenti et comment vous avez réagi, vous pouvez commencer à voir de quelle manière vous pourriez être manipulé. Ce processus vous aide non seulement à devenir plus conscient de la manipulation, mais vous permet également d'apporter des modifications en fonction de vos observations.

Un autre aspect important de la conscience de soi est la compréhension de vos propres valeurs, besoins et limites. Lorsque vous avez une idée claire de ce que vous représentez et de ce dont vous avez besoin dans une relation, il devient plus facile de reconnaître lorsque ces besoins ne sont pas satisfaits ou lorsque vos limites sont violées. Les manipulateurs ciblent souvent les individus qui ne sont pas sûrs de leurs propres valeurs ou qui ont des difficultés à faire valoir leurs besoins. En développant une forte estime de soi, vous pouvez résister aux tentatives visant à miner votre confiance ou à vous faire douter de votre valeur. Prenez le temps de définir vos valeurs fondamentales ; qu'est-ce qui est le plus important pour vous dans une relation ? Quels sont vos non-négociables ? Connaître les réponses à ces questions vous aide à rester ancré et moins susceptible d'être manipulé.

Construire la conscience de soi implique également de se familiariser avec les tactiques utilisées par les manipulateurs. Vous renseigner sur les techniques de manipulation courantes, telles que le gaslighting, la culpabilisation et le chantage émotionnel, peut vous aider à reconnaître quand ces tactiques sont utilisées contre vous. Par exemple, si vous remarquez que votre partenaire vous fait fréquemment remettre en question votre propre mémoire ou vos perceptions, vous pourriez être victime de gaslighting. Comprendre ces tactiques vous donne les connaissances nécessaires pour identifier les manipulations et prendre des mesures pour vous protéger.

En plus de la pleine conscience et de l'introspection, demander l'avis d'amis de confiance ou d'un thérapeute peut également améliorer votre conscience de soi. Parfois, il est difficile de voir clairement la manipulation lorsqu'on y est. Un point de vue extérieur peut fournir des informations précieuses que vous n'avez peut-être pas prises en compte. Des amis de confiance ou un thérapeute peuvent vous aider à explorer vos sentiments, à valider vos expériences et à vous conseiller sur la façon de gérer la situation. Ils peuvent également vous aider à identifier les angles morts ; domaines dans lesquels vous pourriez être particulièrement vulnérable à la manipulation et développez des stratégies pour renforcer ces domaines.

L'un des défis du développement de la conscience de soi est la tendance à ignorer ou à rationaliser les signaux d'alarme dans une relation. Il est courant que les individus minimisent ou rejettent leurs propres sentiments d'inconfort, surtout lorsqu'ils se soucient profondément de leur partenaire. Cependant, la véritable conscience de soi exige de l'honnêteté envers soi-même. Cela signifie reconnaître quand quelque chose ne va pas et se donner la permission d'explorer ces sentiments. Il est important de faire confiance à votre intuition ; si quelque chose ne va pas, c'est probablement le cas. Être honnête avec vous-même au sujet de vos sentiments et de vos expériences est une étape essentielle pour vous protéger de la manipulation.

Développer la conscience de soi implique également de pratiquer l'auto-compassion. Il est facile d'être dur avec vous-même lorsque vous réalisez que vous avez été manipulé, mais l'auto-compassion vous permet d'aborder la situation avec gentillesse et compréhension.

Reconnaissez que tout le monde a des vulnérabilités et qu'être manipulé ne signifie pas que vous êtes faible ou imparfait. Au lieu de vous blâmer, concentrez-vous sur ce que vous pouvez apprendre de cette expérience et sur la façon dont vous pouvez devenir plus fort à l'avenir. L'auto-compassion vous aide également à établir et à maintenir des limites saines, car elle renforce la conviction que vous méritez d'être traité avec respect et attention.

À mesure que vous développez votre conscience de soi, il est important d'agir en fonction de ce que vous apprenez. Reconnaître la manipulation n'est que la première étape ; la prochaine étape consiste à décider comment réagir. Cela peut impliquer de fixer des limites, de rechercher du soutien ou même de mettre fin à la relation si nécessaire. La conscience de soi vous permet de prendre des décisions éclairées qui donnent la priorité à votre bien-être. Cela vous aide également à renforcer votre résilience, afin que vous puissiez mieux relever les défis et vous protéger contre les manipulations futures.

Développer la conscience de soi est une compétence cruciale pour reconnaître et se libérer de la manipulation dans les relations. Grâce à la pleine conscience, à l'introspection, à la tenue d'un journal et à la recherche de commentaires, vous pouvez devenir plus à l'écoute de vos propres expériences et reconnaître quand une manipulation se produit. Comprendre vos propres valeurs, besoins et limites renforce votre capacité à résister à la manipulation et à faire des choix plus sains. En pratiquant l'auto-compassion et en agissant en fonction de votre conscience de soi, vous pouvez créer une vie plus épanouissante et plus authentique, libre du contrôle des manipulateurs.

Récupérer votre pouvoir

Récupérer son pouvoir dans une relation avec un manipulateur est une étape essentielle pour retrouver son sentiment d'autonomie, d'estime de soi et de bien-être émotionnel. Lorsque quelqu'un vous manipule, il exerce un contrôle sur vos pensées, vos sentiments et vos actions, vous laissant souvent un sentiment d'impuissance et de confusion. Cependant, en prenant des mesures délibérées pour fixer des limites, affirmer vos besoins et prendre des décisions indépendantes, vous pouvez récupérer votre pouvoir et créer une dynamique plus saine dans votre relation.

La première étape pour récupérer votre pouvoir consiste à reconnaître que vous avez le droit d'affirmer vos limites. Les limites sont les limites que vous fixez pour protéger votre bien-être physique, émotionnel et mental. Ils définissent ce qui constitue un comportement acceptable de la part des autres et ce qui ne l'est pas. Dans les relations avec les manipulateurs, les limites sont souvent floues ou violées, entraînant une perte d'autonomie personnelle. Récupérer votre pouvoir commence par identifier clairement et communiquer vos limites à votre partenaire. Par exemple, si votre partenaire rejette fréquemment vos sentiments ou vos opinions, vous pouvez fixer une limite en déclarant : « J'ai besoin que mes sentiments soient respectés et entendus dans cette relation. Il est important pour moi que nous nous écoutions tous les deux sans jugement.

Une fois que vous avez établi vos limites, il est crucial de les faire respecter de manière cohérente. Cela signifie rester ferme lorsque vos limites sont remises en question ou violées. Les manipulateurs testent souvent les limites pour voir s'ils peuvent les repousser, mais en restant résolu, vous envoyez un message clair selon lequel vos limites ne sont pas négociables. Faire respecter les limites peut impliquer de dire non à des demandes déraisonnables, de refuser de s'engager dans des tactiques de manipulation ou de s'éloigner des situations qui vous mettent mal à l'aise. Il est important de se rappeler que faire respecter des limites ne consiste pas à contrôler l'autre personne, mais plutôt à protéger son propre bien-être.

Un autre aspect important de la reconquête de votre pouvoir est de prendre des décisions de manière indépendante. Les manipulateurs sapent souvent la capacité de leur partenaire à prendre des décisions en créant le doute, la peur ou la confusion. Ils peuvent vous pousser à faire des choix qui leur profitent tout en ignorant vos propres besoins et désirs. Pour reconquérir votre pouvoir, il est essentiel de reprendre le contrôle de votre processus décisionnel. Commencez par faire confiance à votre propre jugement et à votre instinct. Lorsque vous êtes confronté à une décision, prenez le temps de réfléchir à ce que vous voulez et à ce dont vous avez réellement besoin, plutôt qu'à ce que votre partenaire pourrait attendre ou exiger. Cela peut impliquer de peser le pour et le contre, de demander conseil à des amis ou à des membres de votre famille de confiance, ou simplement de vous donner l'espace nécessaire pour réfléchir sans pression extérieure.

Lorsque vous prenez des décisions de manière indépendante, il est important de pratiquer l'auto-représentation. L'auto-représentation signifie défendre ses propres besoins, droits et intérêts dans la relation. Cela implique d'exprimer clairement vos pensées et vos sentiments, même s'ils diffèrent de ceux de votre partenaire. Par exemple, si vous vous sentez obligé d'accepter quelque chose qui vous met mal à l'aise, vous pouvez vous défendre en disant : « Je comprends que c'est important pour toi, mais cela ne correspond pas à mes valeurs. un choix différent. » L'auto-représentation vous aide à maintenir votre autonomie et garantit que votre voix est entendue dans la relation.

Récupérer son pouvoir implique également de se libérer du cycle de culpabilité et d'obligation que créent souvent les manipulateurs. Les manipulateurs peuvent utiliser des tactiques comme le chantage émotionnel pour vous faire sentir coupable d'avoir affirmé vos besoins ou fixé des limites. Ils peuvent suggérer que vous êtes égoïste ou déraisonnable, ce qui vous amène à remettre en question vos propres actions. Il est important de reconnaître ces tactiques pour ce qu'elles sont : des tentatives de contrôle et de manipulation de vos émotions. Récupérer votre pouvoir signifie refuser de vous laisser influencer par la culpabilité ou l'obligation et rester ferme dans vos décisions. Rappelez-vous que vous avez le droit de donner la priorité à votre propre bien-être et que prendre soin de vous n'est pas égoïste.

En plus de fixer des limites et de prendre des décisions indépendantes, développer la confiance en soi est un élément clé pour récupérer votre pouvoir. Les manipulateurs ciblent souvent les individus ayant une faible estime de soi, car ils sont plus susceptibles de douter d'eux-mêmes et de céder à la manipulation. En construisant votre confiance en vous, vous renforcez votre capacité à résister aux manipulations et à affirmer vos besoins. Une façon de développer votre confiance en vous est de vous concentrer sur vos forces et vos réalisations. Prenez le temps de réfléchir aux choses que vous avez accomplies et aux qualités qui vous rendent unique. Célébrez vos réussites, aussi petites soient-elles, et rappelez-vous que vous êtes capable et méritez le respect.

Une autre façon de développer votre confiance en vous est de vous entourer de personnes qui vous soutiennent et vous encouragent. Les amis, les membres de la famille ou les groupes de soutien peuvent vous apporter une perspective précieuse et vous rassurer, vous aidant à voir la situation plus clairement et à renforcer votre estime de soi. Avoir un système de soutien solide peut également vous donner le courage de résister à la manipulation et de prendre des décisions qui sont dans votre meilleur intérêt.

Il est également important de prendre soin de soi pendant que vous travaillez à récupérer votre pouvoir. Prendre soin de soi implique de prendre des mesures intentionnelles pour favoriser votre bien-être physique, émotionnel et mental. Cela peut inclure des activités comme l'exercice, la méditation, passer du temps dans la nature ou s'adonner à des passe-temps qui vous apportent de la joie. Prendre soin de soi vous aide à rester ancré et résilient face à la manipulation, ce qui facilite le maintien de vos limites et l'affirmation de vos besoins. De plus, prendre soin de soi renforce l'idée que vous êtes digne d'amour et de soins, tant de la part de vous-même que des autres.

Alors que vous récupérez votre pouvoir, il est essentiel de garder à l'esprit que ce processus n'est pas toujours facile ou direct. Vous pouvez rencontrer de la résistance de la part du manipulateur ou des sentiments de doute ou de peur. Il est important d'être patient avec vous-même et de reconnaître que récupérer votre pouvoir est un voyage et non une destination. Il peut y avoir des revers en cours de route, mais chaque pas que vous faites vers l'affirmation de votre autonomie est une victoire. N'oubliez pas que vous avez le droit de vivre une vie sans manipulation et que récupérer votre pouvoir est un acte de respect de soi et d'amour-propre.

Dans certains cas, récupérer votre pouvoir peut impliquer de prendre la décision difficile de mettre fin à la relation. Si la manipulation est grave ou si vos limites continuent d'être violées malgré tous vos efforts, il peut être nécessaire de vous retirer de la situation afin de protéger votre bien-être. Quitter une relation manipulatrice peut être un défi, mais c'est aussi l'occasion de se réapproprier votre vie et de reconstruire votre estime de soi. Si vous décidez de partir, demandez le soutien d'amis de confiance, de membres de votre famille ou d'un thérapeute pour vous aider à naviguer dans le processus et à rester en sécurité.

Récupérer votre pouvoir dans une relation avec un manipulateur implique de fixer et de faire respecter des limites, de prendre des décisions indépendantes, de développer la confiance en soi et de prendre soin de soi. En suivant ces étapes, vous pourrez reprendre le contrôle de votre vie et créer une dynamique relationnelle plus saine et plus épanouissante. N'oubliez pas que vous méritez d'être traité avec respect et que récupérer votre pouvoir est un élément essentiel pour protéger votre bien-être et votre bonheur.

Développer la résilience émotionnelle

Développer la résilience émotionnelle est une compétence essentielle qui vous aide à naviguer et à résister aux défis de la manipulation dans les relations. La résilience émotionnelle est votre capacité à vous adapter au stress, à l'adversité et aux situations difficiles sans en être submergé. Lorsque vous développez une résilience émotionnelle, vous renforcez votre capacité à rester ancré, à penser clairement et à maintenir votre estime de soi, même face à la manipulation. Des techniques telles que le discours intérieur positif, les soins personnels et la recherche de soutien sont des éléments clés du développement de cette résilience.

L'une des premières étapes du renforcement de la résilience émotionnelle consiste à cultiver un discours intérieur positif. Le discours intérieur positif fait référence au dialogue intérieur que vous entretenez avec vous-même. Ce dialogue peut vous élever ou vous abattre, selon qu'il est positif ou négatif. Lorsque vous vous engagez dans un discours intérieur positif, vous contestez et remplacez les pensées négatives par des pensées constructives et affirmatives. Par exemple, au lieu de penser : « Je ne suis pas assez bon », vous pourriez vous rappeler : « Je suis capable et fort, et je peux gérer cette situation ». Ce changement de perspective peut avoir un impact considérable sur la façon dont vous vous percevez et sur votre capacité à faire face aux défis.

Un discours intérieur positif aide également à contrecarrer les messages négatifs que les manipulateurs peuvent tenter de vous inculquer. Les manipulateurs utilisent souvent des tactiques telles que la critique, le blâme ou le rabaissement pour miner votre estime de soi et vous faire douter de vous-même. En pratiquant un discours intérieur positif, vous renforcez votre propre valeur et rejetez les étiquettes négatives que les autres pourraient essayer de vous imposer. Par exemple, si un manipulateur essaie de vous culpabiliser d'avoir fixé une limite, vous pouvez vous rappeler : « C'est normal de prendre soin de moi et de donner la priorité à mes besoins. Fixer des limites est sain et nécessaire. Au fil du temps, un discours intérieur positif peut vous aider à construire une base intérieure solide qui soutient votre résilience émotionnelle.

Un autre aspect crucial du renforcement de la résilience émotionnelle consiste à prendre régulièrement soin de soi. Prendre soin de soi implique de prendre des mesures délibérées pour prendre soin de votre bien-être physique, émotionnel et mental. Cela peut inclure un large éventail d'activités, comme faire de l'exercice, manger des aliments nutritifs, dormir suffisamment, pratiquer la pleine conscience et passer du temps à faire des choses que vous aimez. Prendre soin de soi ne consiste pas seulement à se livrer à des plaisirs ; il s'agit de faire des choix qui soutiennent votre santé et votre bien-être en général.

Lorsque vous prenez soin de vous, vous êtes mieux équipé pour gérer le stress et la manipulation. Prendre soin de votre corps, par exemple, peut augmenter votre niveau d'énergie et améliorer votre humeur, ce qui vous permet de rester plus calme et centré lors d'interactions difficiles. Prendre soin de soi émotionnellement, comme tenir un journal ou parler à un ami, peut vous aider à gérer vos sentiments et à mieux comprendre ce que vous vivez. Prendre soin de soi mentalement, comme réserver du temps pour la relaxation ou la méditation, peut vous aider à vider votre esprit et à réduire votre anxiété. En intégrant les soins personnels à votre routine quotidienne, vous construisez un réservoir de force et de résilience sur lequel vous pouvez puiser face à la manipulation.

La recherche de soutien est une autre technique essentielle pour renforcer la résilience émotionnelle. Avoir un solide système de soutien composé d'amis, de famille ou d'un thérapeute peut vous fournir l'encouragement et la perspective dont vous avez besoin pour faire face à la manipulation. Les relations de soutien offrent un espace sûr où vous pouvez exprimer vos sentiments, obtenir des informations et recevoir une validation. Lorsque l'on est confronté à une relation manipulatrice, il est facile de se sentir isolé ou incompris. Un réseau de soutien de confiance peut vous rappeler que vous n'êtes pas seul et que les autres se soucient de votre bien-être.

Parler à une personne de confiance peut également vous aider à voir la situation plus clairement. La manipulation implique souvent des comportements confus ou contradictoires qui peuvent vous faire douter de vos perceptions. Un ami ou un thérapeute qui vous soutient peut vous offrir une perspective extérieure qui vous aide à reconnaître la manipulation pour ce qu'elle est. Ils peuvent également vous conseiller, partager leurs propres expériences et vous écouter lorsque vous avez besoin de vous exprimer. En recherchant du soutien, vous renforcez votre résilience émotionnelle et gagnez la confiance nécessaire pour résister à la manipulation.

Une autre technique pour renforcer la résilience émotionnelle consiste à pratiquer la pleine conscience. La pleine conscience implique d'être pleinement présent dans l'instant présent et d'observer ses pensées et ses sentiments sans jugement. Lorsque vous pratiquez la pleine conscience, vous devenez plus conscient de vos réponses émotionnelles et de la manière dont elles sont influencées par des facteurs externes, tels que la manipulation. Cette prise de conscience vous permet de prendre du recul et de réagir aux situations de manière plus calme et réfléchie, plutôt que de réagir de manière impulsive.

La pleine conscience peut être particulièrement utile pour gérer le stress et l'anxiété, qui sont des réactions courantes à la manipulation. Par exemple, si vous remarquez que vous vous sentez tendu ou anxieux lors d'une interaction avec un manipulateur, vous pouvez utiliser des techniques de pleine conscience, comme la respiration profonde ou des exercices d'ancrage, pour calmer votre système nerveux. Cela peut vous aider à rester calme et concentré, même dans des situations difficiles. En cultivant la pleine conscience, vous développez votre capacité à gérer la manipulation avec plus de clarté et de résilience émotionnelle.

En plus de ces techniques, se fixer des attentes réalistes est un aspect important du renforcement de la résilience émotionnelle. Il est important de reconnaître que le renforcement de la résilience est un processus graduel et qu'il est normal de connaître des revers en cours de route. Être gentil et compatissant envers vous-même pendant ce processus est essentiel. Au lieu de vous critiquer de ne pas gérer parfaitement une situation, reconnaissez les efforts que vous faites et les progrès que vous avez réalisés. Célébrez vos réussites, aussi petites soient-elles, et utilisez-les comme motivation pour continuer à avancer.

Développer la résilience émotionnelle implique de développer un sens aigu du but et du sens à votre vie. Lorsque vous avez une idée claire de vos valeurs, de vos objectifs et de ce qui compte le plus pour vous, vous êtes mieux à même de résister aux défis de la manipulation. Un fort sentiment d'utilité peut servir de point d'ancrage qui vous permet de garder les pieds sur terre, même lorsque d'autres tentent de miner votre confiance ou de contrôler vos décisions. Que votre but vienne de vos relations, de votre carrière, de vos passe-temps ou de votre croissance personnelle, avoir quelque chose qui donne un sens à votre vie peut vous aider à rester concentré et résilient face à la manipulation.

Développer la résilience émotionnelle pour résister à la manipulation implique une combinaison de techniques, notamment un discours intérieur positif, les soins personnels, la recherche de soutien, la pleine conscience, la définition d'attentes réalistes et le développement d'un fort sentiment d'utilité. En intégrant ces pratiques dans votre vie, vous pouvez renforcer votre capacité à faire face aux défis, à protéger votre bien-être et à maintenir votre estime de soi face à la manipulation. N'oubliez pas que développer la résilience est un voyage continu et que chaque pas que vous faites vers une plus grande force émotionnelle est une partie importante de votre croissance personnelle et de votre autonomisation.

CHAPITRE 6

Faire face au manipulateur

Stratégies de communication efficaces

Faire face à un manipulateur est un processus délicat qui nécessite des stratégies de communication efficaces pour aborder le comportement directement et avec assurance. Face à une manipulation, il est essentiel de communiquer d'une manière qui affirme vos limites, exprime clairement vos sentiments et remet en question les tactiques du manipulateur sans aggraver la situation. Pour y parvenir efficacement, vous devez être préparé à des approches spécifiques qui vous aident à garder le contrôle de la conversation, à rester calme et à garantir que votre message est compris.

La première étape pour affronter un manipulateur consiste à utiliser des déclarations « je ». Les déclarations « je » vous permettent d'exprimer vos sentiments et vos pensées sans avoir l'air accusateur, ce qui peut empêcher l'autre personne de se mettre sur la défensive. Par exemple, au lieu de dire : « Vous essayez toujours de me contrôler », vous pouvez dire : « Je me sens mal à l'aise lorsque des décisions sont prises sans tenir compte de ma contribution ». Cette approche détourne l'attention du fait de blâmer l'autre personne pour exprimer comment son comportement vous affecte, ce qui peut ouvrir un dialogue plus constructif.

Lorsque vous utilisez des déclarations « I », il est important d'être précis sur le comportement auquel vous vous adressez. Des déclarations vagues peuvent conduire à des malentendus ou donner au manipulateur la possibilité de déformer vos propos. Par exemple, au lieu de dire : « Vous êtes manipulateur », précisez le comportement en disant : « Je me sens sous pression lorsque vous insistez à plusieurs reprises sur quelque chose alors que j'ai déjà dit non ». En identifiant le comportement exact, vous indiquez clairement quel est le problème, ce qui rend plus difficile pour le manipulateur de détourner ou de nier ses actions.

Maintenir une attitude calme et posée est également crucial face à un manipulateur. Les manipulateurs comptent souvent sur des réactions émotionnelles pour prendre le contrôle de la situation. Si vous devenez trop émotif, vous risquez de perdre votre concentration et la conversation pourrait devenir incontrôlable. Pour éviter cela, respirez profondément et gardez votre voix stable. Si vous vous sentez contrarié, vous pouvez faire une pause et rassembler vos pensées avant de continuer. En restant calme, vous affirmez le contrôle de l'interaction et démontrez que vous n'êtes pas facilement influencé par des tactiques manipulatrices.

Une autre stratégie de communication efficace consiste à utiliser un langage assertif. S'affirmer, c'est se défendre tout en respectant les droits de l'autre. C'est un équilibre entre passivité et agressivité, où vous exprimez clairement vos besoins et vos limites sans être impoli ou hostile. Par exemple, vous pouvez dire : « J'ai besoin d'être entendu dans cette conversation et j'attends que mes opinions soient respectées » au lieu de « Vous ne m'écoutez jamais ». L'affirmation de soi transmet la confiance et le respect de soi, indiquant clairement que vous n'êtes pas disposé à être manipulé.

Il est également important de fixer des limites claires et fermes lors de la conversation. Les manipulateurs repoussent souvent les limites pour voir jusqu'où ils peuvent aller. Il est donc essentiel de communiquer ce que vous voulez et ne tolérez pas. Par exemple, vous pouvez dire : « Je ne suis pas à l'aise pour en discuter davantage jusqu'à ce que nous puissions avoir une conversation respectueuse » ou « Je suis prêt à faire des compromis, mais je ne subirai pas de pression sur quelque chose avec lequel je ne suis pas d'accord. " Fixer des limites aide à établir les règles d'engagement et montre au manipulateur que vous prenez au sérieux la protection de votre bien-être.

Lorsque vous fixez des limites, soyez prêt à la possibilité d'un refoulement. Les manipulateurs peuvent essayer de tester vos limites en les contestant ou en les rejetant. Il est important de rester ferme et de réitérer votre position si nécessaire. Par exemple, si le manipulateur essaie de minimiser vos inquiétudes, vous pouvez répondre en disant : « Je comprends que vous puissiez voir les choses différemment, mais c'est important pour moi et j'ai besoin que vous respectiez mes limites. » La cohérence est essentielle pour montrer que vous êtes déterminé à maintenir vos limites.

L'écoute active est un autre élément crucial d'une communication efficace face à un manipulateur.

L'écoute active implique de se concentrer pleinement sur ce que dit l'autre personne, de reconnaître ses paroles et de répondre de manière réfléchie. Cela ne signifie pas être d'accord avec le manipulateur, mais plutôt s'assurer que vous comprenez son point de vue avant de répondre. Vous pouvez utiliser des expressions telles que « J'ai entendu dire que vous êtes préoccupé par… » ou « On dirait que vous dites… » pour refléter ce que vous avez entendu. Cette approche peut contribuer à désamorcer la situation et montrer que vous vous engagez dans la conversation de bonne foi.

Cependant, même si l'écoute active est importante, il est tout aussi important d'être conscient de toute tentative du manipulateur de distraire ou de faire dérailler la conversation. Les manipulateurs utilisent souvent des tactiques telles que changer de sujet, jouer la victime ou introduire des sujets non pertinents pour éviter de résoudre le problème principal. Si cela se produit, ramenez doucement la conversation au problème d'origine en disant quelque chose comme : « J'aimerais me concentrer sur la principale préoccupation ici, qui est... » Cela vous aide à rester sur la bonne voie et garantit que la conversation reste productive.

En plus de ces stratégies, il est important de rester ancré dans vos valeurs et vos convictions face à un manipulateur. Les manipulateurs peuvent essayer de vous faire remettre en question votre jugement ou de remettre en question vos décisions. En restant fidèle à vos valeurs, vous pouvez rester confiant dans votre position et résister à la manipulation. Par exemple, si vous appréciez l'honnêteté et la transparence, vous pouvez dire : « Il est important pour moi que nous soyons honnêtes les uns envers les autres, j'ai donc besoin de savoir que vous dites la vérité. » Cela renforce votre engagement envers vos principes et indique que vous ne tolérerez pas la malhonnêteté.

Une autre technique consiste à s'entraîner à dire « non » avec assurance. Les manipulateurs s'appuient souvent sur des tendances à plaire aux gens pour obtenir ce qu'ils veulent, il est donc crucial de pouvoir dire « non » fermement et sans culpabilité. Lorsque vous dites « non », il est important d'être direct et sans excuse. Par exemple, vous pouvez simplement dire : « Non, je ne suis pas à l'aise avec ça » ou « Non, ça ne marche pas pour moi ». Vous n'avez pas besoin de fournir une longue explication ou justification ; un « non » clair et concis suffit pour affirmer vos limites.

Il est important d'avoir une stratégie de sortie si la conversation devient improductive ou hostile. Si vous sentez que la conversation ne mène nulle part ou que le manipulateur devient agressif, vous pouvez mettre fin à la discussion. Vous pouvez dire quelque chose comme : « Je ne pense pas que nous parviendrons à un accord pour le moment, alors je vais m'éloigner de cette conversation. » Cela vous permet de vous protéger contre de nouvelles manipulations et montre que vous n'êtes pas disposé à vous engager dans un échange toxique.

Faire face à un manipulateur nécessite une combinaison de stratégies de communication efficaces, notamment utiliser des déclarations « je », rester calme, s'affirmer, fixer des limites, écouter activement, rester fidèle à vos valeurs et savoir quand dire « non » ou quitter la conversation. En employant ces techniques, vous pouvez lutter contre les comportements manipulateurs directement et avec assurance tout en préservant votre intégrité et votre estime de soi. N'oubliez pas que faire face à la manipulation ne consiste pas à gagner un argument, mais à vous défendre et à garantir que vos besoins et vos limites sont respectés.

Naviguer dans les retombées

Faire face à un manipulateur n'est souvent que le début d'un processus difficile qui peut entraîner des conséquences importantes. Les manipulateurs sont généralement habiles à maintenir le contrôle, et lorsqu'ils sentent que le contrôle leur échappe, ils peuvent réagir de diverses manières pour retrouver leur domination. Comprendre et se préparer aux réactions négatives potentielles est crucial pour faire face aux conséquences d'une telle confrontation. Ce processus implique de maintenir votre détermination, de gérer vos réponses émotionnelles et de vous protéger contre toute manipulation ultérieure.

L'une des premières choses à prévoir après avoir affronté un manipulateur est une escalade de ses tactiques. Les manipulateurs deviennent souvent plus agressifs lorsque leurs stratégies habituelles ne fonctionnent plus. Cette escalade peut prendre de nombreuses formes, notamment une pression accrue, des explosions émotionnelles ou des tentatives de miner votre confiance. Ils peuvent recourir à la culpabilité, vous faisant sentir responsable du conflit, ou même vous accuser d'être celui qui est manipulateur. Il est important de reconnaître ces comportements pour ce qu'ils sont : des tentatives de réaffirmation du contrôle.

Face à cette escalade, il est essentiel de rester calme et terre-à-terre. Les manipulateurs se nourrissent de réactions émotionnelles, car celles-ci peuvent être utilisées pour vous manipuler davantage. Garder l'esprit clair vous permet de voir clair dans leurs tactiques et d'éviter de vous laisser entraîner dans leur drame. Un moyen efficace de garder votre sang-froid consiste à vous rappeler les raisons initiales pour lesquelles vous avez affronté le manipulateur. Garder vos objectifs et vos limites à l'esprit peut vous aider à rester concentré sur ce qui est important et vous éviter de vous laisser influencer par leurs tentatives de changer le discours.

Une autre réaction courante des manipulateurs est de jouer à la victime. Ils peuvent se présenter comme la partie lésée, recherchant la sympathie des autres ou essayant de vous culpabiliser de les avoir affrontés. Cette tactique peut être particulièrement difficile, car elle peut impliquer de manipuler des amis communs ou des membres de votre famille, de les retourner contre vous ou de vous faire paraître déraisonnable. Dans de telles situations, il est crucial de s'en tenir à sa vérité et d'éviter de se laisser entraîner à se défendre auprès des autres. Au lieu de cela, expliquez calmement votre version de l'histoire à ceux qui comptent, sans vous laisser entraîner dans les tentatives du manipulateur pour obtenir la pitié.

En plus de jouer le rôle de victime, les manipulateurs peuvent également utiliser la déviation pour éviter d'assumer la responsabilité de leurs actes. Ils peuvent soulever des problèmes sans rapport, vous accuser de défauts ou essayer de semer la confusion en introduisant de nouveaux problèmes. Cette tactique est conçue pour détourner l'attention de leur comportement et se concentrer sur autre chose, ce qui rend difficile pour vous de rester sur le sujet. La clé pour relever ce défi est de persister à ramener la conversation au problème initial. Vous pouvez le faire en répétant calmement vos arguments et en refusant de vous laisser distraire.

Les manipulateurs peuvent également recourir à ce que l'on appelle le « gaslighting », une tactique qui vous amène à remettre en question votre perception de la réalité. Après avoir été confrontés, ils pourraient nier leur comportement, prétendre que vous imaginez des choses ou suggérer que vous réagissez de manière excessive. Ccla peut être profondément déstabilisant, car cela peut conduire au doute et à la confusion. Pour contrecarrer le gaslighting, il est important de faire confiance à vos propres expériences et sentiments. Tenir un journal des incidents ou discuter de la situation avec un ami ou un thérapeute de confiance peut vous aider à rester ancré dans la réalité et à résister aux tentatives du manipulateur de déformer la vérité.

Une autre conséquence possible de la confrontation avec un manipulateur est qu'il essaie de vous isoler. S'ils sentent que vous devenez indépendant et moins vulnérable à leur contrôle, ils pourraient tenter de vous couper de votre système de soutien. Cela pourrait impliquer de vous dénigrer auprès des autres, de créer des divisions entre vous et les personnes qui vous sont chères ou de rendre difficile le maintien de relations en dehors de celle avec le manipulateur. Pour y parvenir, il est essentiel de renforcer vos liens avec les autres et de rechercher le soutien de personnes qui comprennent votre situation. Construire un solide réseau d'alliés peut fournir le renforcement émotionnel dont vous avez besoin pour résister aux tentatives d'isolement du manipulateur.

Dans certains cas, le manipulateur peut recourir à des représailles directes, qui peuvent inclure des violences verbales, des menaces ou même des tentatives de sabotage de votre vie personnelle ou professionnelle. Ces actions sont conçues pour vous intimider et vous faire reculer ou reprendre le contrôle sur vous. Si vous vous trouvez dans une telle situation, il est crucial de donner la priorité à votre sécurité. Cela peut impliquer de vous éloigner du manipulateur, de demander des conseils juridiques ou d'impliquer les autorités si nécessaire. Se protéger doit toujours être la priorité absolue face à un manipulateur devenu agressif ou dangereux.

Même si les représailles du manipulateur sont moins manifestes, l'impact psychologique peut néanmoins être important. Vous pouvez ressentir des sentiments de peur, d'anxiété ou de doute à la suite de leurs actions. Pour surmonter ces défis émotionnels, il est important de prendre soin de soi et de demander l'aide d'un professionnel si nécessaire. La thérapie peut être une ressource précieuse pour traiter vos émotions, restaurer votre confiance et développer des stratégies pour faire face aux effets continus de la manipulation. S'engager dans des activités qui favorisent le bien-être mental et physique, comme l'exercice, la pleine conscience et les passe-temps, peut également vous aider à rester résilient face à l'adversité.

En plus de faire face aux conséquences immédiates, il est important de considérer les implications à long terme d'une confrontation avec un manipulateur. Au fil du temps, vous devrez peut-être réévaluer la relation et décider si elle est saine ou durable. Si le manipulateur ne montre aucun signe de changement de comportement, il peut être nécessaire de prendre ses distances, voire de mettre fin complètement à la relation. Cela peut être une décision difficile, surtout si vous entretenez des liens émotionnels profonds avec la personne. Cependant, votre bien-être et votre santé mentale doivent toujours primer.

Si vous décidez de poursuivre la relation, fixer et maintenir des limites claires sera essentiel pour vous protéger contre de futures manipulations. Cela signifie appliquer systématiquement les limites que vous avez fixées et être prêt à les abandonner si elles ne sont pas respectées. Il est également important de continuer à travailler sur votre propre conscience de soi et votre résilience émotionnelle, afin de pouvoir reconnaître rapidement toute tentative de manipulation et y répondre efficacement.

Faire face aux conséquences d'une confrontation avec un manipulateur est sans aucun doute un défi, mais c'est aussi une opportunité de croissance et d'autonomisation. En résistant à la manipulation et en maintenant vos limites, vous récupérez votre autonomie et prenez le contrôle de votre propre vie. Le processus peut être difficile, mais il conduit finalement à un plus grand respect de soi et à des relations plus saines.

Tout au long de ce voyage, il est important de vous rappeler que vous n'êtes pas seul. Rechercher le soutien d'amis, de membres de la famille ou d'un thérapeute peut vous fournir des conseils et des encouragements précieux lorsque vous affrontez les complexités liées à la gestion d'un manipulateur. Que vous choisissiez de réparer la relation ou de passer à autre chose, l'expérience de confrontation et de dépassement de la manipulation peut être un puissant catalyseur de croissance personnelle et d'estime de soi plus forte.

Faire face à un manipulateur peut entraîner divers défis, notamment des réactions négatives, de nouvelles manipulations et des troubles émotionnels. Cependant, en restant calme, en respectant vos limites, en recherchant du soutien et en donnant la priorité à votre bien-être, vous pouvez relever ces défis et en ressortir plus fort. Le processus peut être difficile, mais c'est une étape essentielle pour récupérer votre pouvoir et vivre une vie sans manipulation.

Rechercher du soutien

Faire face à une relation manipulatrice peut être une expérience isolante et accablante. Lorsque vous vous retrouvez pris dans la toile de la manipulation, il est essentiel de reconnaître l'importance de rechercher le soutien des autres. Contacter vos amis, votre famille ou des professionnels peut vous fournir la force, la perspective et les ressources nécessaires pour faire face à cette situation difficile. Savoir quand et comment demander de l'aide est crucial pour protéger votre bien-être et vous libérer de la dynamique néfaste d'une relation manipulatrice.

L'un des moments les plus critiques pour demander de l'aide est lorsque vous commencez à vous sentir confus, dubitatif ou épuisé émotionnellement en raison du comportement manipulateur de votre partenaire. Les manipulateurs utilisent souvent des tactiques telles que le gaslighting, le chantage émotionnel et la culpabilité, qui peuvent vous amener à remettre en question votre réalité et à vous sentir isolé. Si vous constatez que votre confiance s'érode et que vous vous remettez constamment en question, c'est un signe clair que vous devez tendre la main à quelqu'un en qui vous avez confiance.

Parler à un ami ou à un membre de votre famille peut vous aider à prendre du recul et à valider vos sentiments, vous rappelant que vous n'êtes pas seul dans vos expériences.

Il est important de choisir les bonnes personnes à qui se confier. Recherchez des personnes qui font preuve d'empathie, ne portent pas de jugement et ont à cœur votre meilleur intérêt. Il peut s'agir d'amis proches, de membres de la famille ou même de collègues qui ont fait preuve de compréhension et de soutien dans le passé. Lorsque vous les approchez, vous pouvez commencer par simplement partager vos sentiments et vos préoccupations sans entrer dans les détails tout de suite. Parfois, le simple fait que quelqu'un vous écoute et reconnaisse votre douleur peut être incroyablement curatif.

Lorsque vous expliquez votre situation, soyez aussi honnête et clair que possible sur ce que vous vivez. Il peut être utile de fournir des exemples précis du comportement manipulateur auquel vous êtes confronté, afin que vos partisans puissent mieux comprendre la gravité de la situation. Par exemple, vous pourriez décrire des cas où votre partenaire vous a fait sentir coupable d'avoir fixé des limites, a déformé la vérité pour vous faire douter de vous-même ou vous a isolé de votre cercle social. Plus vos amis et votre famille comprennent, mieux ils peuvent vous soutenir.

Dans certains cas, vous pourriez rencontrer des personnes qui ne mesurent pas pleinement la gravité de votre situation ou qui pourraient ignorer vos inquiétudes. Cela peut être décourageant, mais il est important de se rappeler que tout le monde ne comprendra pas les complexités de la manipulation, surtout s'ils n'en ont pas fait l'expérience eux-mêmes. Si quelqu'un réagit de cette façon, ne laissez pas cela vous dissuader de demander de l'aide. Envisagez plutôt de contacter une autre personne de confiance ou un professionnel qui pourrait être mieux équipé pour vous offrir le soutien dont vous avez besoin.

L'aide professionnelle est souvent une ressource essentielle pour ceux qui sont aux prises avec des relations manipulatrices. Les thérapeutes, les conseillers et les groupes de soutien offrent un espace sûr et confidentiel pour explorer vos sentiments, mieux comprendre les tactiques du manipulateur et développer des stratégies d'adaptation. Un thérapeute peut vous aider à identifier les schémas de manipulation, à surmonter tout traumatisme émotionnel et à renforcer votre résilience. La thérapie est particulièrement bénéfique si vous souffrez de sentiments de culpabilité, de honte ou d'une faible estime de soi, car ces émotions peuvent rendre plus difficile la libération d'une relation manipulatrice.

Lorsque vous recherchez un thérapeute ou un conseiller, pensez à quelqu'un qui se spécialise dans les relations, la violence psychologique ou les traumatismes. Vous pouvez commencer par demander des recommandations à des amis ou rechercher en ligne des professionnels dans votre région. De nombreux thérapeutes proposent une première consultation gratuite, ce qui vous donne l'occasion de voir si leur approche correspond à vos besoins. Il est important de trouver quelqu'un avec qui vous vous sentez à l'aise, car la relation thérapeutique est fondée sur la confiance et le respect mutuel.

Les groupes de soutien peuvent également être une ressource inestimable, surtout si vous vous sentez isolé ou incompris par votre entourage. Ces groupes rassemblent des personnes qui vivent des expériences similaires, créant ainsi un sentiment de communauté et une compréhension partagée. Que ce soit en personne ou en ligne, les groupes de soutien offrent une plateforme pour partager votre histoire, recevoir des encouragements et apprendre d'autres personnes qui ont été confrontées à des défis similaires. La sagesse collective du groupe peut être une puissante source de force et d'inspiration lorsque vous faites face à votre situation.

En plus de rechercher un soutien émotionnel, vous pourriez également avoir besoin d'une aide pratique, surtout si vous envisagez de mettre fin à la relation. Les partenaires manipulateurs rendent souvent difficile le départ en utilisant le contrôle financier, les menaces ou l'intimidation. Si vous êtes dans cette situation, contacter un refuge pour victimes de violence domestique, un conseiller juridique ou un conseiller financier peut vous aider à planifier une stratégie de sortie sûre et sécurisée. Ces professionnels peuvent vous renseigner sur vos droits, vous aider à accéder à des ressources et vous accompagner dans la prise de décisions qui protègent votre sécurité et votre bien-être.

Lorsque vous demandez de l'aide, il est essentiel de préserver votre vie privée et votre sécurité, surtout si votre partenaire est très contrôlant ou abusif.

Soyez conscient de la manière et de l'endroit où vous communiquez avec les autres au sujet de votre situation. Si possible, utilisez un téléphone ou un ordinateur sécurisé et évitez de discuter de vos projets dans des endroits où votre partenaire pourrait vous entendre. Dans les cas extrêmes, vous devrez peut-être élaborer un plan de sécurité, qui pourrait inclure la présence d'un ami de confiance ou d'un membre de votre famille pour vous aider si la situation dégénère.

Même si la recherche de soutien constitue une étape cruciale dans la gestion d'une relation manipulatrice, il est également important de reconnaître que le cheminement vers la guérison et l'autonomisation est continu. Alors que vous recevez du soutien et commencez à retrouver votre estime de soi, continuez à prendre soin de vous et donnez la priorité à votre santé mentale et émotionnelle. Cela peut inclure de réserver du temps pour des activités qui vous apportent de la joie, de vous engager dans des pratiques de pleine conscience ou de poursuivre une thérapie pour traiter vos expériences.

N'oubliez pas que la décision de demander de l'aide est un signe de force et non de faiblesse. Cela montre que vous vous valorisez et que vous vous engagez à créer une vie plus saine et plus épanouissante. Personne ne mérite d'être manipulé ou contrôlé, et en tendant la main aux autres, vous faites un pas important vers la libération du cycle de manipulation et la reconquête de votre pouvoir.

Savoir quand et comment demander de l'aide est vital pour toute personne confrontée à une relation manipulatrice. En contactant des amis, des membres de votre famille ou des professionnels de confiance, vous pouvez obtenir l'aide émotionnelle et pratique nécessaire pour surmonter cette situation difficile. Que ce soit par le biais d'une thérapie, de groupes de soutien ou de conseils juridiques, une aide appropriée peut vous permettre de reconnaître la manipulation, de fixer des limites et, finalement, de trouver le chemin vers une vie plus saine et plus indépendante. Votre bien-être vaut la peine de se battre et vous n'êtes pas obligé d'affronter ce voyage seul.

CHAPITRE 7

Guérir et aller de l'avant

Traiter un traumatisme émotionnel

Guérir du traumatisme émotionnel causé par la manipulation est un cheminement complexe et personnel. Cela demande du temps, de la patience et les bonnes stratégies pour reconstruire votre estime de soi et retrouver votre bien-être émotionnel. La manipulation peut laisser de profondes cicatrices, ce qui rend difficile de faire à nouveau confiance aux autres et à soi-même. Cependant, avec les outils et le soutien appropriés, il est possible de gérer ce traumatisme et d'avancer avec un sentiment renouvelé de force et de clarté.

L'un des moyens les plus efficaces de commencer à guérir d'un traumatisme émotionnel est la thérapie. Un thérapeute qualifié peut fournir un environnement sûr et favorable dans lequel vous pouvez explorer vos sentiments, comprendre l'impact de la manipulation et développer des stratégies de rétablissement. La thérapie vous permet de déballer les couches de souffrance, de confusion et de doute de soi que la manipulation provoque souvent. Cela vous aide à reconnaître les schémas qui ont conduit au traumatisme et à vous en libérer. La thérapie cognitivo-comportementale est particulièrement utile pour lutter contre les pensées et croyances négatives que les manipulateurs inculquent souvent à leurs victimes. La thérapie cognitivo-comportementale vous aide à recadrer ces pensées, en les remplaçant par des pensées plus positives et responsabilisantes.

En plus de la thérapie traditionnelle, il existe d'autres pratiques thérapeutiques qui peuvent aider à guérir d'un traumatisme émotionnel. L'une de ces pratiques est la tenue d'un journal. Écrire vos pensées et vos émotions peut être un outil puissant pour traiter un traumatisme. Tenir un journal vous permet d'exprimer vos sentiments dans un espace sûr sans crainte d'être jugé. Cela vous aide à donner un sens à vos expériences et peut révéler des schémas ou des déclencheurs que vous n'auriez peut-être pas remarqués autrement. La tenue régulière d'un journal peut également vous aider à suivre vos progrès au fil du temps, vous donnant ainsi un moyen tangible de voir jusqu'où vous avez progressé dans votre parcours de guérison.

Lors de la rédaction d'un journal, il est important d'écrire librement et honnêtement. Vous pouvez commencer simplement par enregistrer ce qui s'est passé, ce que vous avez ressenti et comment ces sentiments ont évolué au fil du temps. En poursuivant votre journal, vous trouverez peut-être utile d'explorer des questions plus profondes, telles que ce que vous avez appris de cette expérience ou comment vous pouvez vous protéger contre des situations similaires à l'avenir. Certaines personnes trouvent utile d'utiliser des invites ou des journaux guidés spécialement conçus pour la récupération après un traumatisme, car ils peuvent vous aider à orienter vos pensées de manière constructive.

La pleine conscience est une autre pratique précieuse pour guérir d'un traumatisme émotionnel. La pleine conscience implique de rester présent dans l'instant présent et d'observer ses pensées et ses sentiments sans jugement. Cela peut vous aider à prendre davantage conscience de la manière dont le traumatisme vous affecte dans votre vie quotidienne, vous permettant ainsi de gérer ces impacts plus efficacement. Les techniques de pleine conscience telles que la respiration profonde, la méditation et la relaxation musculaire progressive peuvent aider à calmer l'esprit et à réduire l'anxiété, facilitant ainsi le traitement de vos émotions.

Pratiquer l'auto-compassion est également crucial dans le processus de guérison. La manipulation laisse souvent les victimes se sentir indignes, honteuses ou coupables, et ces sentiments peuvent constituer des obstacles au rétablissement.

L'auto-compassion implique de se traiter avec la même gentillesse et la même compréhension que vous offririez à un ami qui traverse une période difficile. Cela signifie reconnaître que vous n'êtes pas responsable de la manipulation et que vos sentiments sont valables. En étant doux avec vous-même et en reconnaissant votre douleur, vous créez un environnement dans lequel la guérison peut se produire.

Se connecter avec d'autres personnes qui ont vécu des expériences similaires peut également être incroyablement curatif. Les groupes de soutien, que ce soit en personne ou en ligne, offrent un espace où vous pouvez partager votre histoire et entendre d'autres personnes qui ont été confrontées à des défis similaires. Ces liens peuvent réduire le sentiment d'isolement et créer un sentiment de communauté. Dans un groupe de soutien, vous pouvez tirer parti des expériences des autres et apprendre de nouvelles stratégies d'adaptation. Entendre d'autres personnes qui ont réussi à sortir de situations similaires peut également vous donner de l'espoir et de la motivation dans votre propre cheminement de guérison.

En plus de la guérison émotionnelle et mentale, il est important de se concentrer sur votre bien-être physique. Les traumatismes peuvent avoir des conséquences néfastes sur le corps, entraînant des symptômes tels que de la fatigue, des maux de tête ou des problèmes digestifs. Prendre soin de votre santé physique en mangeant bien, en dormant suffisamment et en pratiquant une activité physique régulière peut favoriser votre rétablissement global. Il a été démontré que l'exercice physique, en particulier, réduit les symptômes d'anxiété et de dépression, qui sont fréquents après une manipulation.

Pendant que vous surmontez le traumatisme émotionnel, il est important de vous fixer des attentes réalistes. La guérison n'est pas un processus linéaire et il y aura probablement des hauts et des bas tout au long du chemin. Vous pourriez avoir des jours où vous vous sentez fort et confiant, suivis de jours où la douleur semble à nouveau fraîche. C'est normal et cela ne veut pas dire que vous ne progressez pas. Il est important de célébrer les petites victoires et d'être patient avec soi-même lors des revers.

Un autre aspect clé de la guérison consiste à reconstruire votre sentiment d'identité et votre estime de soi. La manipulation enlève souvent à une personne l'estime de soi, la laissant perdue ou incertaine de qui elle est. Renouer avec vos passions, vos passe-temps et vos intérêts peut vous aider à redécouvrir votre identité. Participez à des activités qui vous rendent heureux et épanoui, qu'il s'agisse de peindre, de faire de la randonnée, de lire ou de faire du bénévolat. Ces activités peuvent vous rappeler vos points forts et vous aider à retrouver confiance en vous.

Le pardon, tant de la part de vous-même que du manipulateur, peut également jouer un rôle dans le processus de guérison. Le pardon ne signifie pas cautionner les actions du manipulateur ou oublier ce qui s'est passé. Il s'agit plutôt de libérer l'emprise que la colère et le ressentiment ont sur vous. S'accrocher à ces émotions négatives peut vous maintenir coincé dans le passé et vous empêcher d'avancer. En vous pardonnant toute erreur perçue et en pardonnant au manipulateur ses actions, vous vous libérez du fardeau du passé et ouvrez la porte à la guérison.

Alors que vous poursuivez votre chemin de guérison, il est important de continuer à bâtir et à entretenir un système de soutien. Entourez-vous de personnes qui vous respectent et prennent soin de vous, et qui soutiennent votre croissance et votre rétablissement. Ce système de soutien peut vous apporter des encouragements, de la perspective et de l'amour à mesure que vous avancez. N'ayez pas peur de vous appuyer sur eux lorsque vous en avez besoin et rappelez-vous que demander de l'aide est un signe de force et non de faiblesse.

En conclusion, guérir du traumatisme émotionnel de la manipulation est un voyage qui demande du temps, des efforts et les bons outils. La thérapie, la tenue d'un journal, la pleine conscience et l'auto-compassion sont autant de pratiques précieuses qui peuvent vous aider à gérer vos émotions et à aller de l'avant. Se reconnecter à son identité, rechercher du soutien et pratiquer le pardon sont également des étapes essentielles du processus de guérison. En prenant ces mesures, vous pouvez commencer à reconstruire votre estime de soi, à retrouver votre confiance et à créer un avenir libéré de la douleur du passé.

Reconstruire la confiance

Reconstruire la confiance après avoir subi une manipulation est une partie difficile mais essentielle du processus de guérison. La manipulation érode souvent la confiance, non seulement envers les autres mais aussi envers soi-même. Lorsque quelqu'un vous a manipulé, cela peut vous amener à remettre en question votre jugement, à douter de votre instinct et à vous méfier des relations futures. Cependant, avec de la patience, des efforts et les bonnes stratégies, il est possible de restaurer la confiance en soi et en les autres, ouvrant ainsi la voie à des relations plus saines et plus épanouissantes.

L'une des premières étapes pour rétablir la confiance est de renouer avec soi-même. La manipulation peut créer des doutes profondément ancrés quant à votre capacité à prendre des décisions judicieuses ou à reconnaître quand quelque chose ne va pas. Pour rétablir la confiance en vous, il est important de commencer par reconnaître la douleur et la confusion causées par la manipulation, plutôt que de la supprimer ou de la rejeter. Donnez-vous la permission de ressentir et d'exprimer les émotions qui accompagnent cette expérience ; que ce soit la colère, la tristesse ou la peur. Ces sentiments sont valables et font partie de votre parcours de guérison.

Pour reprendre confiance en votre propre jugement, commencez par réfléchir à des situations passées dans lesquelles vous avez pris de bonnes décisions. Rappelez-vous des moments où vous avez fait confiance à votre instinct et où il vous a bien servi. Cet exercice peut vous aider à retrouver confiance en votre capacité à faire des choix judicieux. De plus, entraînez-vous à vous mettre à l'écoute de votre intuition. Lorsque vous êtes confronté à des décisions, grandes ou petites, faites une pause et écoutez ce que votre instinct vous dit. Au fil du temps, cette pratique vous aidera à faire davantage confiance à votre instinct et à renforcer la conviction que vous pouvez compter sur vous-même.

Un autre aspect important pour rétablir la confiance en vous est de fixer et de respecter vos limites personnelles. Les limites sont essentielles pour protéger votre bien-être et garantir que vous vous sentez en sécurité et respecté dans vos relations. Après avoir subi une manipulation, il est courant de remettre en question votre capacité à fixer des limites efficaces. Commencez par identifier clairement quelles sont vos limites. Celles-ci peuvent inclure des limites sur la façon dont vous autorisez les autres à vous traiter, les comportements acceptables et ce dont vous avez besoin pour vous sentir en sécurité dans une relation. Une fois que vous avez identifié vos limites, communiquez-les clairement et avec assurance aux autres. N'oubliez pas qu'il n'y a rien de mal à dire non et à défendre vos besoins. Chaque fois que vous imposez une limite, vous renforcez votre confiance en vous.

Rétablir la confiance envers les autres, surtout après avoir été manipulé, peut être un processus plus lent. Il est naturel de se sentir prudent ou sceptique à l'égard de nouvelles relations, mais il est important de ne pas laisser le passé dicter votre avenir.

Commencez par reconnaître que tout le monde ne ressemble pas à la personne qui vous a manipulé. Il y a des gens gentils, respectueux et dignes de confiance. Reconstruire la confiance envers les autres implique de se donner le temps et l'espace pour observer et apprendre à connaître quelqu'un sans se précipiter dans une relation. Faites attention à leurs actions, pas seulement à leurs paroles, car un comportement cohérent au fil du temps est un indicateur clé de fiabilité.

Il est également utile de commencer par de petites étapes pour rétablir la confiance envers les autres. Commencez par faire confiance aux autres dans des situations à faible risque. Cela peut impliquer de partager quelque chose de petit sur vous-même ou de compter sur quelqu'un pour une faveur mineure. Au fur et à mesure que vous voyez que votre confiance est honorée, augmentez progressivement le niveau de confiance que vous accordez à cette personne. Cette approche progressive permet de reconstruire votre confiance envers les autres sans vous submerger.

Une communication efficace est cruciale pour rétablir la confiance dans les relations. Une communication ouverte, honnête et claire permet d'éviter les malentendus et de construire une base de confiance solide. Lorsque vous entrez dans de nouvelles relations ou réparez d'anciennes, faites un effort conscient pour communiquer clairement vos pensées, vos sentiments et vos attentes. Encouragez l'autre personne à faire de même. Cette transparence aide les deux parties à se sentir plus en sécurité et respectées, ce qui est essentiel pour que la confiance s'épanouisse.

Apprendre à pardonner est une autre étape importante pour rétablir la confiance. Cela ne signifie pas cautionner le comportement manipulateur ou oublier ce qui s'est passé, mais plutôt libérer l'emprise que la colère et le ressentiment ont sur vous. Le pardon est une façon d'abandonner le passé et de se libérer du fardeau émotionnel qu'il porte. Elle permet d'avancer le cœur plus léger et l'esprit ouvert, nécessaires pour reconstruire la confiance. Se pardonner est tout aussi important, surtout si vous sentez que vous avez tort de ne pas avoir reconnu la manipulation plus tôt. N'oubliez pas que la manipulation est un acte délibéré de la part d'une autre personne et que ce n'est pas de votre faute. Soyez gentil avec vous-même et reconnaissez que vous avez fait de votre mieux avec les informations et les ressources dont vous disposiez à ce moment-là.

Rechercher le soutien des autres peut également jouer un rôle important dans le rétablissement de la confiance. Parler à vos amis, à votre famille ou à un thérapeute de vos expériences et de vos peurs peut vous rassurer et vous donner une perspective. Ces relations de soutien peuvent vous rappeler que la confiance est possible et qu'il existe des personnes qui se soucient réellement de votre bien-être. Si vous hésitez à vous ouvrir aux autres en raison de manipulations passées, commencez par partager avec ceux dont vous savez qu'ils ont toujours été fiables et compréhensifs. Leurs réponses peuvent vous aider à reconstruire votre confiance dans la bonté et la fiabilité des gens.

Pendant que vous travaillez à rétablir la confiance, il est important de faire preuve de patience envers vous-même et envers le processus. Guérir des effets de la manipulation prend du temps, et il est normal de connaître des revers ou des moments de doute en cours de route. Soyez doux avec vous-même pendant ces périodes et rappelez-vous que rétablir la confiance est un processus progressif. Célébrez les petites victoires et les progrès, et ne vous découragez pas si cela prend plus de temps que prévu.

Il est également utile d'établir un sentiment de contrôle sur votre vie pendant que vous travaillez à rétablir la confiance. Cela peut impliquer de se fixer des objectifs personnels, de poursuivre des passe-temps ou de relever de nouveaux défis. En vous concentrant sur les choses que vous pouvez contrôler, vous renforcez votre sentiment d'action et d'autonomie, qui sont des éléments clés de la confiance. Chaque réalisation, aussi petite soit-elle, peut renforcer votre confiance et vous rappeler vos points forts.

Lorsque vous rétablissez la confiance, il est important de rester vigilant mais pas paranoïaque. S'il est essentiel d'être conscient des signaux d'alarme et de se protéger contre d'éventuelles manipulations, il est également important de ne pas laisser la peur d'être à nouveau blessé vous empêcher d'établir des relations significatives. Efforcez-vous de trouver un équilibre dans lequel vous restez prudent et conscient, mais également ouvert à la possibilité de relations positives et de confiance.

Reconstruire la confiance après avoir subi une manipulation est un processus à multiples facettes qui nécessite du temps, des efforts et un engagement à se développer soi-même. Cela implique de se reconnecter à soi-même, de fixer et de faire respecter des limites, de reconstruire progressivement la confiance envers les autres, de pratiquer une communication efficace et de rechercher du soutien. En prenant ces mesures, vous pouvez restaurer votre confiance en vous-même et en les autres, ouvrant ainsi la voie à des relations plus saines et plus épanouissantes à l'avenir.

Établir des relations saines

Une relation saine est un partenariat fondé sur le respect mutuel, la confiance, une communication ouverte et des valeurs partagées. Contrairement aux relations caractérisées par la manipulation, une relation saine permet aux deux individus de s'épanouir, de se sentir en sécurité et de grandir ensemble. Établir une relation saine nécessite de comprendre ce qui rend une relation saine et les qualités à rechercher chez un partenaire.

L'un des éléments clés d'une relation saine est le respect mutuel. Dans une telle relation, les deux individus valorisent mutuellement leurs opinions, leurs sentiments et leurs limites. Ils reconnaissent qu'ils sont des partenaires égaux, chacun méritant dignité et considération. Ce respect se reflète dans la façon dont ils communiquent, résolvent les conflits et se soutiennent mutuellement. Lorsque les deux partenaires se respectent, il n'y a pas de place pour un comportement rabaissant, humiliant ou contrôlant. Au lieu de cela, ils s'encouragent et s'encouragent mutuellement, favorisant un environnement positif et solidaire.

La confiance est une autre pierre angulaire d'une relation saine. La confiance permet aux partenaires de se sentir en sécurité les uns avec les autres, sachant qu'ils peuvent compter les uns sur les autres émotionnellement, physiquement et mentalement. Dans une relation de confiance, les deux partenaires sont honnêtes et transparents, ne gardant aucun secret qui pourrait nuire à la relation. Ils se font confiance dans les intentions et les actions de chacun, ce qui réduit les sentiments de jalousie, d'insécurité ou de doute. La confiance ne se construit pas du jour au lendemain ; il se développe au fil du temps grâce à des actions cohérentes, de l'honnêteté et de la fiabilité. Dans une relation saine, la confiance est maintenue en étant fidèle aux promesses, en étant ouvert à ses préoccupations et en abordant les problèmes directement, sans tromperie.

Une communication ouverte est essentielle pour une relation saine. Cela signifie que les deux partenaires sont à l'aise pour exprimer leurs pensées, leurs sentiments et leurs besoins sans crainte de jugement ou de représailles. Une communication efficace implique à la fois de parler et d'écouter. Lorsque des problèmes surviennent, les partenaires dans une relation saine les abordent de manière constructive, en cherchant à comprendre les points de vue de chacun et à trouver des solutions ensemble. Ils évitent de se blâmer ou de s'accuser mutuellement, se concentrant plutôt sur la résolution des conflits d'une manière qui profite à la relation dans son ensemble. Une communication ouverte signifie également partager des joies, des réussites et des rêves, créant ainsi un lien émotionnel plus profond et une compréhension entre les partenaires.

Le soutien émotionnel est un autre élément essentiel d'une relation saine. Dans une telle relation, les partenaires sont là les uns pour les autres dans les moments bons comme dans les moments difficiles. Ils s'offrent encouragement, réconfort et compréhension, s'aidant mutuellement à traverser les hauts et les bas de la vie. Ce soutien émotionnel renforce le lien entre les partenaires et renforce leur engagement l'un envers l'autre. Cela garantit également que les deux individus se sentent valorisés et pris en charge, contribuant ainsi à leur bien-être général.

Outre le soutien émotionnel, une relation saine se caractérise par un sentiment d'individualité et d'indépendance. Tandis que les partenaires partagent leur vie et leurs expériences, ils entretiennent également leurs propres identités, intérêts et amitiés. Ils comprennent qu'être en couple ne signifie pas se perdre mais plutôt partager la vie avec quelqu'un d'autre tout en continuant à grandir en tant qu'individu. Dans une relation saine, les deux partenaires s'encouragent mutuellement dans leur croissance personnelle et respectent leur besoin d'espace et de temps seuls.

Un autre aspect important d'une relation saine est l'égalité. Les deux partenaires devraient avoir leur mot à dire dans les décisions qui affectent la relation. Cela inclut les décisions concernant les finances, les conditions de vie, les projets futurs et même les activités quotidiennes. L'égalité garantit qu'aucun des partenaires ne se sent dominé ou contrôlé par l'autre, et que tous deux sentent que leurs opinions et leurs désirs sont valorisés. Dans une relation saine, le pouvoir est partagé et les deux partenaires travaillent ensemble en équipe.

Les limites sont cruciales pour établir et maintenir une relation saine. Les limites définissent ce qu'est un comportement acceptable et inacceptable dans la relation et protègent le bien-être des deux partenaires. Des limites saines peuvent inclure le respect de la vie privée de chacun, le fait de s'entendre sur la manière de gérer les désaccords et le maintien d'un équilibre entre le temps passé ensemble et séparé. Lorsque les deux partenaires fixent et respectent des limites, ils créent un espace sûr où tous deux peuvent se sentir à l'aise et en sécurité.

Pour établir une relation saine, il est important de rechercher certaines qualités chez un partenaire. L'une des qualités les plus importantes est la maturité émotionnelle. Un partenaire émotionnellement mature comprend ses propres émotions et est capable de les gérer de manière saine. Ils sont capables de gérer le stress, de communiquer efficacement et d'assumer la responsabilité de leurs actes. La maturité émotionnelle signifie également être capable de sympathiser avec les autres, ce qui est crucial pour construire une relation solide et solidaire.

Une autre qualité importante à rechercher chez un partenaire est l'intégrité. Un partenaire intègre est honnête, fiable et cohérent dans ses actions et ses paroles. Ils font ce qu'ils disent qu'ils feront et sont dignes de confiance dans les affaires petites et importantes. L'intégrité garantit que la relation repose sur une base de confiance et d'honnêteté, essentielles à son succès à long terme.

Un bon partenaire doit également apporter son soutien. Cela signifie qu'ils encouragent votre croissance personnelle, célèbrent vos réussites et vous soutiennent dans les moments difficiles. Un partenaire solidaire est une personne qui se soucie véritablement de votre bien-être et qui est prête à déployer des efforts pour vous aider à atteindre vos objectifs. Ils sont votre pom-pom girl et votre confident, toujours prêts à vous offrir une oreille attentive ou un coup de main.

L'empathie est une autre qualité clé à rechercher chez un partenaire. Un partenaire empathique peut comprendre et partager vos sentiments, même s'il n'a pas vécu la même situation. L'empathie leur permet d'être compatissants et prévenants, ce qui les rend plus susceptibles de vous traiter avec gentillesse et respect. Dans une relation saine, l'empathie aide les deux partenaires à se connecter à un niveau émotionnel plus profond et renforce leur lien.

De bonnes compétences en communication sont également essentielles chez un partenaire. Recherchez quelqu'un qui peut s'exprimer clairement et qui vous écoute attentivement lorsque vous parlez. Un partenaire doté de bonnes compétences en communication sera en mesure de discuter ouvertement des problèmes, de résoudre les conflits de manière saine et de s'assurer que vous êtes tous les deux sur la même longueur d'onde concernant les questions importantes. La communication est le ciment qui maintient une relation ensemble, il est donc crucial d'avoir un partenaire qui excelle dans ce domaine.

Le respect est une autre qualité essentielle à rechercher chez un partenaire. Un partenaire respectueux vous valorise en tant qu'individu et vous traite avec dignité et considération. Ils respectent vos opinions, vos croyances et vos limites, et n'adoptent pas de comportement humiliant ou dédaigneux. Le respect est le fondement de toute relation saine, et sans lui, la relation risque de devenir déséquilibrée et malsaine.

Une relation saine nécessite un partenaire qui partage les mêmes valeurs et objectifs. Même s'il est normal d'avoir des différences, il est important que les deux partenaires soient d'accord sur des questions fondamentales telles que la famille, les aspirations professionnelles, les finances et les choix de vie. Les valeurs et les objectifs partagés créent un sentiment d'alignement et de but dans la relation, ce qui facilite la gestion des défis et la construction d'un avenir commun.

L'établissement d'une relation saine exige que les deux partenaires cultivent et maintiennent le respect mutuel, la confiance, une communication ouverte, le soutien émotionnel, l'individualité, l'égalité et des limites claires. Lorsque vous recherchez un partenaire, recherchez des qualités telles que la maturité émotionnelle, l'intégrité, le soutien, l'empathie, de bonnes compétences en communication, le respect et les valeurs partagées. En donnant la priorité à ces éléments, vous pouvez construire une relation exempte de manipulation et qui favorise la croissance, le bonheur et l'épanouissement des deux partenaires.

CHAPITRE 8

Stratégies de prévention

Renforcer les limites personnelles

Créer et faire respecter des limites personnelles fortes est essentiel pour maintenir des relations saines et prévenir la manipulation. Les limites sont les limites que nous fixons pour protéger notre bien-être, assurer le respect mutuel et définir ce qui est acceptable et inacceptable dans nos interactions avec les autres. Établir des limites claires nous aide à maintenir notre autonomie, notre respect de soi et notre santé émotionnelle.

La première étape pour renforcer les limites personnelles consiste à comprendre vos propres besoins, valeurs et limites. Cette conscience de soi vous permet d'identifier les comportements, les actions ou les mots avec lesquels vous êtes à l'aise et ceux avec lesquels vous ne l'êtes pas. Il est important de prendre le temps de réfléchir aux expériences passées où vous vous êtes senti mal à l'aise, manqué de respect ou manipulé. Ces réflexions peuvent vous aider à reconnaître des modèles et à comprendre quels types de limites devront être fixées à l'avenir.

Une fois que vous avez identifié vos limites, il est crucial de les communiquer de manière claire et affirmée. Une communication claire signifie exprimer vos limites de manière simple, sans ambiguïté. Par exemple, si un ami emprunte fréquemment vos affaires sans le demander, vous pourriez dire : « J'apprécie mon espace personnel et mes affaires. Veuillez demander ma permission avant de prendre quoi que ce soit. Cette déclaration communique clairement vos limites et définit les attentes en matière de comportement futur.

L'affirmation de soi est la clé pour faire respecter les limites. S'affirmer signifie se défendre de manière respectueuse mais ferme. Il s'agit d'exprimer ses besoins et ses limites avec assurance, sans culpabiliser ni s'excuser. Par exemple, si quelqu'un vous interrompt continuellement pendant une conversation, vous pourriez dire : « J'apprécie votre enthousiasme, mais je dois terminer mes réflexions avant de passer à autre chose. S'il vous plaît, permettez-moi de parler sans interruption. Cette réponse est à la fois respectueuse et ferme, indiquant clairement que votre limite doit être respectée.

Un autre aspect important de la définition des limites est la cohérence. Pour faire respecter efficacement les limites, vous devez être cohérent dans leur respect. Si vous permettez aux autres de franchir vos limites sans conséquence, cela envoie le message que vos limites sont flexibles ou négociables. Par exemple, si vous avez fixé une limite selon laquelle vous ne répondrez pas aux e-mails professionnels après 20 heures, mais que vous le faites de temps en temps, cela mine la limite. La cohérence dans le maintien de vos limites aide les autres à comprendre que vous les prenez au sérieux et qu'elles doivent être respectées.

Il est également essentiel de reconnaître que fixer des limites peut entraîner des réticences ou de la résistance, surtout si les autres ont l'habitude de dépasser vos limites. Lorsque cela se produit, il est important de rester ferme et de ne pas céder à la pression. Par exemple, si un membre de votre famille essaie de vous culpabiliser pour que vous fassiez quelque chose qui dépasse vos limites, vous pouvez répondre en réitérant vos limites calmement et fermement, en disant : « Je comprends que tu es contrarié, mais j'ai pris ma décision en me basant sur ce qu'il y a de mieux pour moi. J'espère que vous pourrez respecter cela. Tenir bon renforce votre frontière et signale qu'elle n'est pas négociable.

Les limites ne consistent pas seulement à dire « non » aux autres ; il s'agit aussi de se dire « oui » à soi-même. En fixant des limites, vous donnez la priorité à votre propre bien-être, à votre respect de soi et à votre santé mentale. Ces soins personnels sont essentiels pour prévenir la manipulation, car ils garantissent que vous ne sacrifiez pas vos propres besoins ou valeurs pour plaire aux autres. Par exemple, si vous avez besoin de temps seul pour vous ressourcer après une journée bien remplie, il est important d'en parler aux autres et de prendre le temps nécessaire pour vous, même si les autres veulent votre attention.

En plus de fixer des limites avec les autres, il est également important de fixer des limites internes avec vous-même. Les limites internes impliquent de gérer vos propres pensées, émotions et comportements pour rester alignés sur vos valeurs et vos objectifs. Par exemple, si vous avez tendance à vous engager trop, fixer une limite interne peut impliquer de vous rappeler de n'assumer que ce que vous pouvez gérer de manière réaliste. Cela aide à prévenir l'épuisement professionnel et garantit que vous ne compromettez pas votre propre bien-être.

Lorsque vous fixez des limites, il est utile d'utiliser des déclarations « je », qui se concentrent sur vos propres sentiments et besoins plutôt que de blâmer ou d'accuser les autres. Par exemple, au lieu de dire : « Vous m'ignorez toujours », vous pourriez dire : « Je me sens blessé lorsque mes opinions sont négligées. J'ai besoin de me sentir entendu dans nos conversations. Cette approche réduit la défensive des autres et met l'accent sur votre expérience personnelle, leur permettant ainsi de comprendre et de respecter plus facilement vos limites.

Les limites doivent également être adaptables et revisitées au fil du temps. À mesure que les relations évoluent, nos besoins et nos limites évoluent également. Il est important d'évaluer régulièrement si vos limites vous servent toujours et de les ajuster si nécessaire. Par exemple, à mesure qu'une relation s'approfondit, vous pourriez vous sentir à l'aise en accordant davantage d'accès à votre espace ou à votre temps personnel. À l'inverse, si quelqu'un ne respecte systématiquement pas vos limites, vous devrez peut-être les renforcer ou en créer de nouvelles pour vous protéger.

Dans certains cas, fixer des limites peut impliquer de créer une distance physique ou émotionnelle avec les personnes qui sont constamment manipulatrices ou irrespectueuses. Cette distance peut fournir l'espace nécessaire pour protéger votre bien-être et retrouver un sentiment de contrôle. Par exemple, si un collègue déprécie fréquemment votre travail, vous pouvez choisir de limiter vos interactions avec lui ou de demander l'aide d'un superviseur. La distance peut aider à réduire l'impact d'un comportement toxique et vous donner la clarté nécessaire pour respecter vos limites.

Il est également important de reconnaître que fixer des limites est une compétence qui prend du temps et de la pratique à développer. Il est normal de se sentir mal à l'aise ou incertain au moment d'établir des limites pour la première fois, surtout si vous avez l'habitude d'accommoder les autres à vos propres frais. Cependant, avec la pratique, fixer et faire respecter des limites devient plus facile et plus naturel. C'est une compétence essentielle pour entretenir des relations saines et respectueuses et prévenir la manipulation.

N'oubliez pas que les limites visent à vous protéger et non à punir les autres. L'objectif est de créer une dynamique relationnelle où les deux parties se sentent respectées et valorisées. Lorsque les limites sont communiquées et appliquées de manière saine, elles contribuent à une relation plus positive et équilibrée, dans laquelle les besoins de chacun sont reconnus et pris en compte.

Renforcer les limites personnelles est essentiel pour prévenir la manipulation et maintenir des relations saines. Cela implique de comprendre vos propres besoins et limites, de les communiquer clairement et avec assurance, et d'être cohérent dans leur respect.

En donnant la priorité à votre bien-être, en utilisant des déclarations « je » et en adaptant les limites si nécessaire, vous créez un environnement relationnel où le respect et la compréhension mutuelle prospèrent. Développer cette compétence demande de la pratique, mais c'est une étape cruciale pour garantir que vos relations sont basées sur le respect, l'égalité et une véritable connexion.

Cultiver le respect de soi et la confiance

Le respect de soi et la confiance en soi jouent un rôle crucial dans la prévention de la manipulation et dans le maintien de relations saines et épanouissantes. Ces traits agissent comme des garde-fous internes, aidant les individus à reconnaître leur valeur, à rester fermes dans leurs convictions et à résister aux tentatives de contrôle ou de sape. Cultiver le respect de soi et la confiance en soi ne consiste pas seulement à se sentir bien dans sa peau ; il s'agit de développer un profond sentiment de valeur personnelle qui peut protéger contre la manipulation et garantir des interactions saines avec les autres.

Le respect de soi est le fondement sur lequel reposent toutes les relations saines. Cela implique de reconnaître votre valeur intrinsèque en tant que personne, indépendamment de la validation externe ou des opinions des autres. Lorsque vous avez du respect pour vous-même, vous comprenez que vos pensées, vos sentiments et vos besoins sont importants et méritent d'être traités avec dignité. Cette compréhension conduit naturellement à fixer des limites et à se défendre lorsque les autres tentent de les franchir. Par exemple, si quelqu'un essaie de vous rabaisser ou de vous rabaisser, le respect de soi vous donne la force de rejeter ce comportement avec assurance et de protéger votre bien-être émotionnel.

Cultiver le respect de soi commence par la conscience de soi. Cela nécessite de prendre le temps de réfléchir à vos valeurs, vos forces et vos convictions. En comprenant ce qui est important pour vous et ce que vous représentez, vous créez un solide sentiment d'identité qui est moins susceptible d'être influencé par les autres. Cette conscience de soi vous aide également à identifier les situations dans lesquelles vous pourriez compromettre vos valeurs ou votre estime de soi, vous permettant ainsi de procéder à des ajustements qui correspondent plus étroitement à votre véritable personnalité.

L'auto-compassion est un moyen efficace de cultiver le respect de soi. Cela implique de vous traiter avec la même gentillesse, la même compréhension et le même pardon que vous offririez à un ami proche. Au lieu de vous critiquer durement pour vos erreurs ou vos défauts perçus, l'auto-compassion vous encourage à reconnaître votre humanité et à accepter vos imperfections. Par exemple, si vous faites une erreur au travail, au lieu de vous réprimander, vous pourriez dire : « J'ai fait une erreur, mais cela ne définit pas ma valeur. Je peux en tirer des leçons et faire mieux la prochaine fois. Cette approche bienveillante renforce le respect de soi en renforçant l'idée que vous méritez d'être aimé et soigné, même lorsque vous n'êtes pas parfait.

La confiance, en revanche, est la croyance en vos capacités et l'assurance que vous pouvez relever tous les défis qui se présentent à vous. Il est étroitement lié au respect de soi mais se concentre davantage sur vos capacités et vos compétences. Lorsque vous êtes confiant, vous êtes moins susceptible de vous laisser influencer par les opinions des autres ou de vous pousser à faire des choses qui vont à l'encontre de vos valeurs. La confiance vous permet de prendre des risques, de prendre des décisions et de poursuivre vos objectifs sans vous laisser dissuader par la peur ou le doute.

Pour bâtir la confiance, il faut sortir de sa zone de confort et affronter les défis de front. Chaque fois que vous réussissez à surmonter une situation difficile, votre confiance grandit. Par exemple, si vous êtes nerveux à l'idée de prendre la parole lors d'une réunion, le faire, même s'il s'agit simplement de partager une petite idée, peut renforcer votre confiance. Au fil du temps, ces petits actes de courage s'accumulent, vous aidant à vous sentir plus sûr de vous et moins susceptible d'être manipulé.

Un autre aspect clé pour cultiver la confiance est le discours intérieur positif. La façon dont vous vous parlez intérieurement a un impact profond sur la façon dont vous vous percevez et sur vos capacités. Les discours intérieurs négatifs, tels que des pensées telles que « Je ne suis pas assez bon » ou « Je gâche toujours les choses », sapent la confiance et vous rendent plus vulnérable à la manipulation. D'un autre côté, un discours intérieur positif renforce vos forces et vos capacités, créant ainsi un état d'esprit plus résilient. Par exemple, au lieu de penser : « Je ne peux pas faire ça », vous pourriez dire : « C'est un défi, mais j'ai déjà fait face à des défis et j'ai réussi. Je peux y faire face. »

La confiance grandit également grâce à la pratique et à la préparation. Plus vous pratiquez une compétence ou vous préparez à une situation, plus vous devenez confiant. Par exemple, si vous avez une présentation importante, la pratiquer plusieurs fois à l'avance vous aidera à vous sentir plus en confiance le moment venu. Cette préparation réduit l'anxiété et augmente votre confiance en votre capacité à réussir, vous rendant moins susceptible d'être manipulé par les doutes ou les critiques des autres.

S'entourer de personnes qui vous soutiennent est un autre élément crucial pour renforcer le respect de soi et la confiance en soi. Des relations positives avec des amis, des membres de la famille ou des mentors qui croient en vous et encouragent votre croissance peuvent avoir un impact significatif sur votre perception de vous-même. Ces personnes vous renforcent lorsque vous doutez de vous-même et offrent des commentaires constructifs qui vous aident à grandir. Ils servent également de modèles, démontrant comment le respect de soi et la confiance en soi peuvent être vécus au quotidien.

Il est important de reconnaître que développer le respect de soi et la confiance en soi est un processus graduel. Cela ne se fait pas du jour au lendemain et il y aura des revers en cours de route. Cependant, chaque petit pas que vous faites pour vous valoriser et croire en vos capacités contribue à construire une base plus solide, capable de résister à la manipulation. Par exemple, chaque fois que vous vous défendez, même de manière modeste, vous renforcez votre estime de soi. Chaque fois que vous relevez un défi, aussi mineur soit-il, vous renforcez votre confiance.

Le respect de soi et la confiance en soi impliquent également de s'affirmer quant à ses besoins et ses désirs. L'affirmation de soi est la capacité d'exprimer ses pensées et ses sentiments honnêtement et directement, tout en respectant les droits d'autrui. Il s'agit de trouver un équilibre entre se défendre et tenir compte du point de vue des autres. Par exemple, si vous avez besoin de temps pour vous mais qu'un ami continue de vous pousser à sortir, pour vous affirmer, vous pourriez dire : « J'apprécie votre invitation, mais j'ai vraiment besoin de temps pour me ressourcer. Planifions une autre journée. Cette approche vous permet d'honorer vos propres besoins sans ignorer les sentiments de votre ami.

Il est important de célébrer vos réalisations, aussi petites soient-elles. Reconnaître et célébrer vos réussites renforce la conviction que vous êtes capable et digne. Cela peut être aussi simple que de reconnaître un travail bien fait après avoir accompli une tâche ou de s'offrir quelque chose de spécial après avoir atteint un objectif. Célébrer vos réalisations contribue à renforcer votre estime de soi et votre confiance en vous, ce qui vous rend moins susceptible de tolérer la manipulation.

Le respect de soi et la confiance en soi sont des outils essentiels pour prévenir la manipulation et maintenir des relations saines. En cultivant ces traits, les individus peuvent se protéger du contrôle ou de l'affaiblissement des autres. Cela implique de développer la conscience de soi, de pratiquer l'auto-compassion, de s'engager dans un discours intérieur positif et de s'entourer de relations de soutien. À mesure que le respect de soi et la confiance en soi augmentent, la capacité de fixer des limites, de prendre des décisions et de poursuivre des objectifs augmente également sans se laisser influencer par des pressions extérieures. Cette autonomisation est cruciale pour créer une vie fidèle à vos valeurs et libre de toute manipulation.

Maintenir la vigilance

Rester vigilant dans les relations futures est essentiel pour éviter les dynamiques manipulatrices et garantir que vos relations sont saines, solidaires et respectueuses. S'il est important d'aborder les relations avec un cœur ouvert, il est tout aussi crucial de garder les yeux grands ouverts sur les signes indiquant que quelque chose ne va pas. En restant conscient et informé, vous pouvez vous éviter de retomber dans des schémas de manipulation.

L'un des premiers signes à surveiller est le manque de respect de vos limites. Dans toute relation saine, vos limites personnelles doivent être reconnues et respectées sans aucun doute. Si quelqu'un rejette, conteste ou ignore fréquemment vos limites, c'est un signal d'alarme. Cela peut commencer subtilement, par de petites demandes ou actions qui vous mettent mal à l'aise, mais cela peut s'intensifier avec le temps. Par exemple, si vous avez exprimé un besoin d'espace ou de temps seul et que l'autre personne s'immisce constamment, ce mépris de vos limites signale un potentiel de manipulation. Pour rester vigilant, rappelez-vous que vos limites sont valables et que toute violation répétée de celles-ci n'est pas quelque chose à négliger.

Un autre signe clé d'une manipulation potentielle est un contrôle excessif ou une possessivité. Une relation saine se nourrit du respect et de la confiance mutuels, où les deux parties se sentent libres d'être elles-mêmes sans craindre d'être contrôlées. Si vous remarquez que votre partenaire ou ami essaie de vous dicter avec qui vous passez du temps, ce que vous portez ou comment vous dépensez votre argent, ce comportement contrôlant est un signe d'avertissement. Les manipulateurs tentent souvent d'isoler leurs victimes des autres pour obtenir plus de contrôle. Il est donc crucial de reconnaître quand quelqu'un tente de vous couper de votre réseau de soutien. Faites confiance à votre instinct si vous avez l'impression de perdre votre indépendance ou si vous êtes contraint de prendre des actions ou des décisions qui ne vous semblent pas justes.

Faites attention à l'équilibre des pouvoirs dans vos relations. Les relations saines reposent sur l'égalité, dans laquelle les deux personnes ont leur mot à dire dans les décisions et se sentent valorisées. Si vous constatez qu'une personne domine systématiquement les conversations, prend toutes les décisions ou invalide vos opinions, ce déséquilibre des pouvoirs pourrait indiquer une manipulation. Les manipulateurs utilisent souvent des tactiques comme le gaslighting, où ils vous font douter de vos propres perceptions ou de la réalité, pour garder le contrôle. Par exemple, si vous exprimez votre inquiétude à propos de quelque chose qui s'est produit et que l'autre personne le rejette en disant que vous « réagissez de manière excessive » ou « imaginez des choses », cela pourrait être une forme de gaslighting. Rester vigilant signifie reconnaître ces déséquilibres de pouvoir et faire confiance à votre propre jugement.

La manipulation émotionnelle peut également prendre la forme d'une culpabilisation ou d'un rôle de victime. Si quelqu'un vous culpabilise fréquemment de ne pas faire les choses à sa manière ou d'affirmer vos besoins, il s'agit d'une tactique de manipulation. Ils peuvent utiliser des expressions telles que « Après tout ce que j'ai fait pour toi » ou « Si tu m'aimais vraiment, tu le ferais… » pour vous contraindre à vous conformer à leurs souhaits. Cette tactique s'attaque à votre empathie et à votre désir de plaire aux autres, ce qui rend difficile de voir la manipulation pour ce qu'elle est. Pour vous prémunir contre cela, il est important de reconnaître quand la culpabilité est utilisée comme un outil pour vous contrôler et de vous rappeler que vos sentiments et vos besoins sont tout aussi importants.

Un autre signe dont il faut être conscient est un comportement incohérent ou des signaux contradictoires. Les manipulateurs vous déséquilibrent souvent en alternant entre gentillesse et cruauté, affection et négligence. Cette incohérence peut vous rendre confus et anxieux, vous remettant constamment en question où vous en êtes dans la relation. Par exemple, si votre partenaire est aimant et attentif un jour mais froid et distant le lendemain, cette imprévisibilité pourrait être une tactique pour vous maintenir dépendant de son approbation. Pour rester vigilant, remarquez ces schémas et réfléchissez à ce qu'ils vous font ressentir. Une relation saine doit apporter de la stabilité et non une incertitude constante.

Le contrôle financier est une autre tactique utilisée par les manipulateurs pour exercer leur pouvoir. Cela peut inclure le contrôle de l'accès à l'argent, la dictée de la façon dont vous dépensez vos finances ou le fait de vous rendre financièrement dépendant d'elles. Si quelqu'un insiste pour gérer vos finances sans votre contribution ou crée des situations dans lesquelles vous vous sentez piégé en raison de votre dépendance financière, il s'agit d'un sérieux signal d'alarme. Se protéger implique de conserver son indépendance financière et de se méfier de toute tentative de contrôle de ses ressources économiques.

Surveiller ce que vous ressentez dans la relation est également un aspect important pour rester vigilant. Les relations manipulatrices vous laissent souvent épuisé, anxieux ou peu sûr de vous. Si vous avez souvent l'impression de marcher sur des œufs et de remettre constamment en question vos actions ou vos paroles, cela pourrait être le signe que vous êtes manipulé. Faites confiance à vos réponses émotionnelles ; ce sont des indicateurs précieux pour savoir si une relation est saine ou nuisible. Si une relation vous fait constamment vous sentir plus mal dans votre peau ou vous laisse épuisé émotionnellement, il est temps de réévaluer et éventuellement de vous retirer de cette situation.

Il est également crucial d'être conscient de la manière dont les conflits sont gérés dans la relation. Des relations saines impliquent une communication ouverte et honnête dans laquelle les deux parties se sentent entendues et respectées, même en cas de désaccord. Cependant, les manipulateurs évitent souvent la communication directe et utilisent plutôt un comportement passif-agressif, un traitement silencieux ou des explosions émotionnelles pour contrôler la situation. Par exemple, si un désaccord conduit l'autre personne à se taire ou à refuser de discuter du problème, ce manque de communication peut être une forme de manipulation. Pour vous protéger, insistez sur une communication respectueuse et ouverte et reconnaissez quand un conflit est utilisé comme outil de contrôle.

Garder un réseau de soutien composé d'amis et de famille est essentiel pour maintenir la vigilance dans les relations. Les manipulateurs tentent souvent d'isoler leurs victimes, ce qui rend plus difficile la recherche de perspectives extérieures. En dialoguant régulièrement avec votre réseau d'assistance, vous obtenez des informations et des commentaires qui peuvent vous aider à reconnaître les manipulations. Si vos proches expriment des inquiétudes au sujet de votre relation, prenez leurs observations au sérieux. Ils pourraient remarquer des choses que vous êtes devenu trop près pour voir.

Le maintien de ces liens fournit également un filet de sécurité si vous devez mettre fin à une relation manipulatrice.

Rester informé et informé des tactiques de manipulation est l'un des meilleurs moyens de rester vigilant. Plus vous en savez sur le fonctionnement des manipulateurs, mieux vous êtes équipé pour reconnaître les signes dès le début. Lire des livres, assister à des ateliers ou rechercher une thérapie peuvent tous vous aider à développer une compréhension plus profonde de la manipulation et à vous en protéger. La connaissance, c'est le pouvoir, et rester informé vous donne les outils nécessaires pour entretenir des relations saines et respectueuses.

Rester vigilant dans les relations futures nécessite une combinaison de conscience de soi, de connaissances et d'un solide réseau de soutien. En reconnaissant les signes de manipulation ; comme le manque de respect des limites, le contrôle, les déséquilibres de pouvoir, la culpabilité et les comportements incohérents, vous pouvez vous protéger contre une dynamique néfaste. Faites confiance à votre instinct, conservez votre indépendance et n'hésitez pas à demander de l'aide si vous sentez que quelque chose ne va pas. Les relations saines reposent sur le respect mutuel, la confiance et une communication ouverte, et en restant vigilant, vous pouvez vous assurer que vos relations sont positives et épanouissantes.

CONCLUSION

L'autonomisation et l'indépendance sont essentielles pour vivre une vie sans manipulation et remplie de relations plus saines et plus épanouissantes. Ces qualités n'apparaissent pas du jour au lendemain ; ils sont cultivés grâce à une croissance personnelle continue, à la résilience et à un engagement envers la conscience de soi. À mesure que vous avancez, maintenir votre autonomisation et votre indépendance nécessite une approche proactive de votre bien-être et de vos relations.

L'un des aspects les plus importants du maintien de l'autonomisation est de s'engager dans une croissance personnelle continue. La croissance personnelle n'est pas une destination mais un voyage continu de découverte de soi, d'apprentissage et d'amélioration. Cela implique d'évaluer régulièrement vos valeurs, vos objectifs et vos limites, pour vous assurer qu'ils correspondent à la personne que vous voulez être. Cela peut signifier réserver du temps pour réfléchir, tenir un journal sur vos expériences ou vous engager dans des activités qui mettent au défi et élargissent votre compréhension de vous-même et du monde qui vous entoure.

La résilience joue un rôle essentiel dans ce processus. La vie présentera toujours des défis, notamment des relations difficiles ou des situations où la manipulation pourrait réintégrer votre vie. La résilience est la capacité de rebondir face à ces défis, d'en tirer des leçons et d'en sortir plus fort. Renforcer la résilience implique de cultiver un état d'esprit positif, dans lequel vous considérez les obstacles comme des opportunités de croissance plutôt que comme des problèmes insurmontables. Ce changement de perspective peut vous permettre d'affronter de front toutes les difficultés, avec la certitude que vous pouvez les surmonter.

Un élément clé de la résilience est la régulation émotionnelle. Être capable de gérer efficacement vos émotions garantit que vous restez les pieds sur terre et lucide face à la manipulation. Des techniques telles que la pleine conscience, la respiration profonde et un discours intérieur positif peuvent vous aider à rester calme et concentré, même dans des situations stressantes. En maîtrisant ces compétences, vous devenez moins susceptible à la manipulation émotionnelle, car vous pouvez garder le contrôle de vos réactions et de vos décisions.

Pour conserver votre autonomisation et votre indépendance, il est essentiel de continuer à fixer et à renforcer vos limites personnelles. Les limites sont les limites que vous fixez pour protéger votre bien-être et garantir que vos besoins sont respectés dans toute relation. Fixer des limites claires et affirmées vous permet de définir ce qui est acceptable et ce qui ne l'est pas, vous donnant ainsi le contrôle de vos interactions avec les autres. Ceci est particulièrement important pour prévenir la manipulation, car ceux qui tentent de manipuler repoussent souvent les limites pour voir jusqu'où ils peuvent aller. En appliquant systématiquement vos limites, vous envoyez un message clair selon lequel vous ne tolérerez ni manque de respect ni contrôle.

Une autre étape importante consiste à vous entourer de relations positives et solidaires. Les personnes que vous choisissez de garder dans votre vie doivent respecter votre indépendance et encourager votre croissance. Des relations saines reposent sur le respect mutuel, la confiance et un engagement partagé envers le bien-être de chacun. Ces relations agissent comme un tampon contre la manipulation, car elles offrent un espace sûr où vous pouvez être vous-même sans craindre d'être contrôlé ou affaibli. Évaluez régulièrement vos relations et soyez prêt à vous éloigner de ceux qui ne soutiennent pas votre autonomisation.

La visualisation est un outil puissant pour maintenir votre autonomisation et votre indépendance. En visualisant le genre de vie que vous souhaitez mener et les relations que vous souhaitez entretenir, vous pouvez créer une feuille de route mentale qui guide vos décisions et vos actions. Imaginez-vous dans des relations dans lesquelles vous vous sentez respecté, valorisé et libre d'être vous-même. Imaginez la joie et l'épanouissement qui découlent du fait d'être dans des environnements aussi positifs. Cette visualisation peut servir de motivation pour rechercher et entretenir ces types de relations, tout en vous aidant également à reconnaître quand une relation ne répond pas à ces normes.

S'efforcer d'établir un avenir rempli de relations plus saines et plus épanouissantes nécessite un engagement envers l'amour-propre et les soins personnels. Prendre soin de votre santé physique, émotionnelle et mentale devrait toujours être une priorité. Les pratiques de soins personnels telles que l'exercice régulier, une alimentation saine, la méditation et les passe-temps qui vous apportent de la joie peuvent améliorer considérablement votre bien-être et votre confiance. Lorsque vous accordez la priorité à vos soins personnels, vous êtes mieux équipé pour relever les défis de la vie et moins susceptible d'être la proie de la manipulation.

Un autre aspect important du maintien de votre autonomisation est de rester informé et éduqué. La connaissance est un outil puissant pour se protéger de la manipulation. Continuez à vous renseigner sur les relations saines, les compétences en communication et les tactiques de manipulation. Plus vous en savez, mieux vous êtes préparé à identifier et à éviter les dynamiques malsaines. Pensez à lire des livres, à assister à des ateliers ou à demander des conseils professionnels pour approfondir votre compréhension de ces sujets.

Développer une forte estime de soi est fondamental pour conserver son indépendance. Lorsque vous vous valorisez, vous êtes moins susceptible de tolérer un comportement qui diminue votre sentiment de valeur. Cultivez votre estime de soi en célébrant vos réalisations, en reconnaissant vos forces et en étant gentil avec vous-même. Évitez les discours intérieurs négatifs et pratiquez les affirmations qui renforcent votre valeur et vos capacités. Plus votre estime de soi est forte, plus vous vous sentirez en mesure de vous défendre dans n'importe quelle situation.

À l'avenir, il est également important de rester ouvert à de nouvelles expériences et relations, mais avec un œil perspicace. S'il est naturel de vouloir faire confiance aux autres, il est tout aussi important de se protéger en étant prudent. Prenez le temps de connaître les gens et soyez attentif à ce qu'ils vous font ressentir. La confiance est quelque chose qui doit être gagnée au fil du temps et non pas donnée aveuglément. En étant conscient de cela, vous pouvez construire des relations basées sur le respect mutuel et la confiance, plutôt que de tomber dans une dynamique manipulatrice.

Maintenir votre autonomisation et votre indépendance implique également de prendre des décisions qui correspondent à vos valeurs et à vos objectifs. N'ayez pas peur de faire les choix qui vous conviennent le mieux, même s'ils vont à l'encontre de ce que les autres pourraient vouloir ou attendre. L'indépendance signifie s'approprier sa vie et avoir confiance dans les décisions que l'on prend. Qu'il s'agisse de choisir un cheminement de carrière, de décider avec qui passer du temps ou de fixer des limites dans les relations, faites-vous confiance pour faire les bons choix pour votre bien-être.

Recherchez toujours de l'aide en cas de besoin. L'indépendance ne signifie pas tout faire soi-même ; cela signifie savoir quand demander de l'aide. Entourez-vous d'un réseau de personnes qui soutiennent votre croissance et sont là pour vous lorsque les temps sont durs. Qu'il s'agisse d'amis, de membres de la famille ou d'un professionnel, avoir quelqu'un à qui parler peut apporter un soutien et une perspective inestimables.

Maintenir l'autonomisation et l'indépendance est un processus continu de conscience de soi, de croissance personnelle et de résilience. En fixant des limites fortes, en vous entourant de relations de soutien et en restant informé, vous pouvez vous protéger de la manipulation et créer une vie remplie de relations saines et épanouissantes. Visualisez l'avenir que vous souhaitez, donnez la priorité à vos soins personnels et restez toujours fidèle à vos valeurs et à vos objectifs. Grâce à ces étapes, vous pouvez avancer en toute confiance, habilité à vivre une vie qui vous appartient vraiment.

www.ingramcontent.com/pod-product-compliance
Lightning Source LLC
Chambersburg PA
CBHW061625250726
48659CB00004B/1087